![THE TIME KEY]

时间的钥匙

【英】尼古拉斯·哈里斯 / 著 【英】皮特·丹尼斯 / 绘 张昊媛 / 译

勇闯恐龙家园

中国出版集团　现代出版社

亲爱的小读者：

　　简直难以置信，我们真的见到了恐龙！想象一下，你亲眼看到恐龙会是什么情形？听到它们发出的声音，嗅到它们身上的气息，甚至你的脖子后面能够感觉到它们在呼吸……所有这些就发生在我们身边，但是，一定没有人相信我们说的是真的。是的，人们为什么要相信我们呢？众所周知，6600万年前，恐龙就已灭绝。人们不可能看到活着的恐龙，但是我们确实看到了。

　　这也就是为什么我们在第二天便把目睹的一切记录下来的原因。这次探险太不可思议了！当你读完我们这篇日记，看到我们拍的照片，一定会相信所发生的一切。或许你会有种身临恐龙家园的感觉呢！

乔西与梅茜

THE TIME KEY
时间的钥匙

勇闯恐龙家园

故事发生在一个空气湿润的日子……那天，爷爷建议我和哥哥乔西到他的书房去找些有趣的书来读。他的书房里有上百册图书，其中一些真的非常古老。

一个神秘的爪子

20世纪40年代，在外蒙古发现了恐龙爪子。据推测这个动物的前肢约2.5米长。

20世纪40年代末期，在外蒙古有一个惊人的发现。那里出土了一些巨大的爪子，每一个爪子长约1米。起初，科学家认为这些爪子是史前一种巨型龟的爪子。到了20世纪50年代，随着更深入地远征，科学家陆续发现了牙齿和四肢不同部位的化石。通过这些发现，古生物学家断定这些化石是先前一种未经确认的恐龙残骸。

虽然科学家并没有发现颅骨，但是他们却推断这种动物属于兽脚亚目恐龙。它们靠两条腿走路，身上有羽毛，每只手上有三个爪子，用来袭击其他恐龙。这种动物看起来像是食草动物，生活习性和大猩猩很像。它们会用爪子把树叶从树上揪下来。

53

我们正在找书时发生了一件很神奇的事情。一本书自己从书架上跌落了下来。这本书很旧，讲述的是关于寻找恐龙化石的事情。突然，书中的一页散落了出来！上面的照片吸引了我们，那是一只巨大的弧形爪子，大约有1米长，看起来非常可怕！

从来没有人见过如此巨大的爪子，这种恐龙身形硕大，是霸王龙的两倍！我们正在阅读时，突然感觉到一阵风从书架上刮了过来，风来自那本书跌落的地方。在书架的后面，有一扇小门。我们从书架上又取下来一些书。那扇小门关着，门锁上挂着一把钥匙。我和乔西对

视了一下，禁不住诱惑扭动了钥匙，慢慢地推开了那扇门。门的那边昏暗无光，看不到任何东西，周遭的空气凉爽又潮湿。我本可以止步，但最终还是忍不住钻了进去。我站在洞穴里，可以听到乔西在喊我："梅茜！"然后他跟随着我也钻了进来。门"吧嗒"一声关上了，但是钥匙还被乔西握在手里。我们悄悄地向洞穴口爬了过去……

转眼间，我们就站在了岩脊上，眼前的景色出奇的壮观。我俩简直不敢相信自己的眼睛。翼龙在我们头顶上空盘旋。没错！正是那种会飞的爬行动物。早在几千万年以前，它们就已经灭绝了。

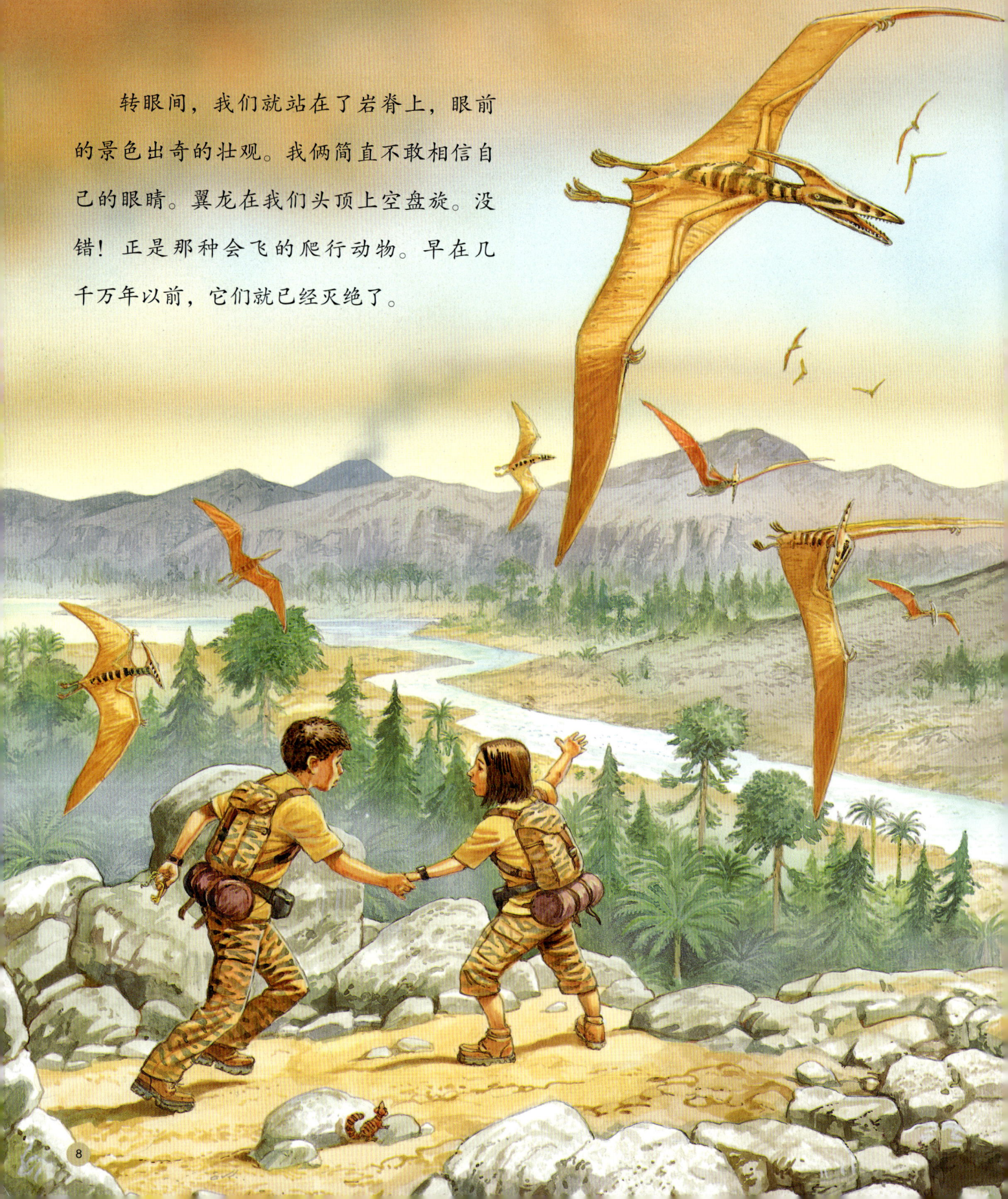

翼龙在天空中振臂飞翔，发出尖厉刺耳的鸣叫声，非常可怕。有一只甚至俯冲下来，从我们的头顶上飞过去。靠得太近了！我们赶紧俯下身去。

我们看到远处的火山口喷出了火焰，一条巨河从山谷间流过。我们这是在哪里呢？如果天空中飞的这些是翼龙，那附近岂不是也会有其他恐龙出没？啊！

三叠纪时期 　　　　　　　　　　　　2.5 亿年前—2 亿年前

在三叠纪时期，生活着一群爬行动物，人们称它为主龙类。主龙类的繁殖率非常高。这些肉食动物，也是最早诞生的恐龙。后来出现了食草的恐龙，其中就有 8 米长的板龙。

侏罗纪时期 　　　　　　　　　　　　2 亿年前—1.35 亿年前

在侏罗纪时期，巨大的长颈食草动物，也就是人们所说的蜥脚类动物发生了进化。兽脚亚目恐龙也变得更大、更强壮。为了自我保护，一些食草动物长出了盔甲。剑龙的背部和那看起来凶残的尾巴脊柱上，长出了两排骨板。

白垩纪时期   1.35 亿年前—6600 万年前

在白垩纪时期，出现了不少食草动物的新物种。比如有用颊牙咀嚼食物的鸟脚亚目恐龙。而在兽脚亚目恐龙中，出现成群狩猎的奔龙和大型食鱼动物重爪龙。

恐龙的灭绝   约 6600 万年前

恐龙在地球上存活了 1.6 亿年之久。这个物种在白垩纪末期，突然神秘地灭绝了。没有人知道确切的原因，但是科学家推断它们的灭绝可能与小行星撞击地球之后气候发生变化有关。骤降的气温和大面积减少的植被使得恐龙无法生存，而哺乳动物和禽类这些长着羽毛的小型兽脚亚目恐龙却幸免灭绝。

目前我们唯一能做的便是继续探索。能看到活生生的恐龙，这简直是千载难逢的好机会。我们一定要弄清楚那个奇大无比的爪子究竟是谁的！

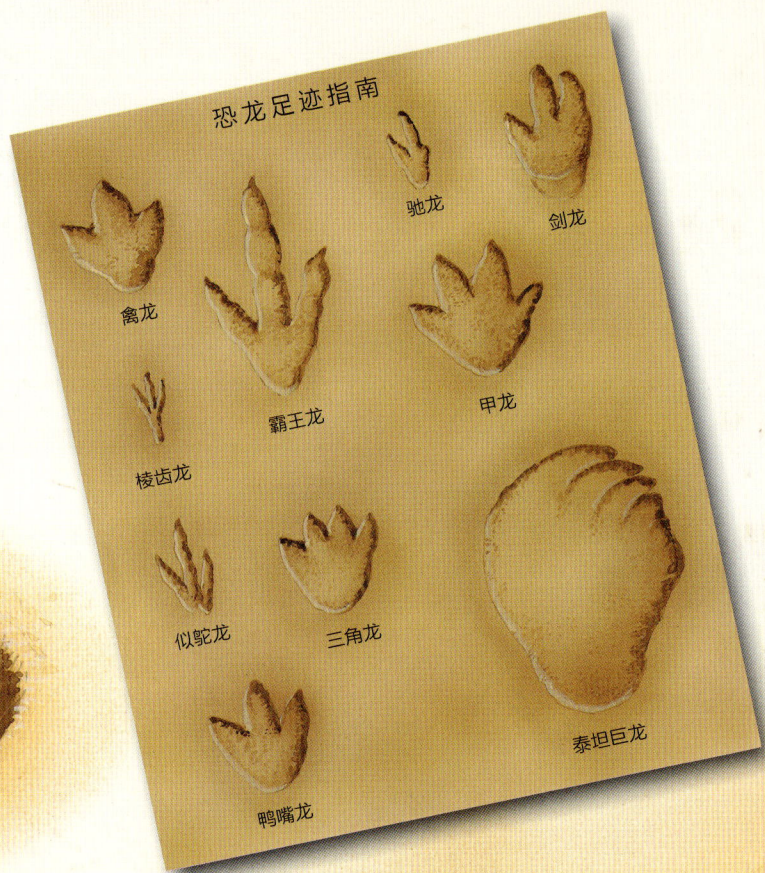

恐龙足迹指南

禽龙

驰龙

剑龙

棱齿龙

霸王龙

甲龙

似鸵龙

三角龙

泰坦巨龙

鸭嘴龙

我和乔西没走多远，便发现了另一样神奇的东西。究竟是什么动物能留下如此巨型的足迹？与它相比，我们的脚简直太小了！

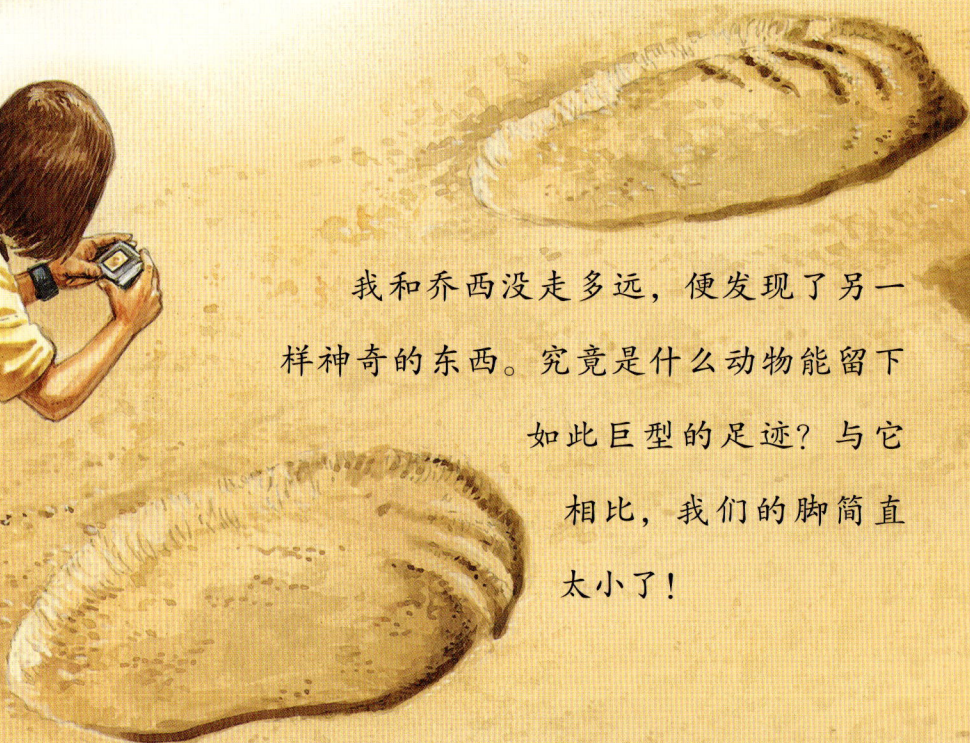

难道这就是传说中恐龙的脚印吗？我们倒吸了一口气。《恐龙足迹指南》上说这是泰坦巨龙的脚印。泰坦巨龙属于白垩纪晚期蜥脚类动物，它是曾经生活在地球上的体型最大的一种恐龙。

"简直是臭气熏天！"乔西站在一大坨粪便旁说道，粪便还比较潮湿，散发着余热。很显然，那只巨型怪兽刚刚经过这里。我们知道这种恐龙是食草动物，但是这并不意味着它没有攻击性，我们必须加倍小心。

食草类恐龙

食草类恐龙最早出现于三叠纪末期，大约在 2.1 亿年以前。这种恐龙在 6500 万年前便逐渐消亡了。最早的食草动物在吃树叶时并不咀嚼，因此它们不得不吞下石头，让叶子更容易消化。随着食草动物的演进，一些恐龙长出了颊牙来咀嚼食物，比如鸭嘴龙。

包头龙

梁龙

板龙

腕龙

剑龙

镰刀龙

三角龙

棱齿龙

华阳龙

禽龙

副栉龙

食 草类恐龙分为两类。鸟臀目恐龙包括鸭嘴龙、角龙以及身披盔甲的剑龙和甲龙。蜥臀目恐龙也称蜥脚类恐龙，是一种体格硕大、长脖子、长尾巴的恐龙，比如梁龙。许多食草类恐龙都过着群居生活，其中一些会照顾它们的幼崽。

我们静悄悄地向前走着，不停环顾着四周查看是否有危险。在一处森林前，恐龙的足迹消失了。我们穿过茂密的植被，仍旧没有发现任何大型爬行动物的足迹。这时，我们来到了一处空地。"恐龙蛋！"乔西大声叫起来。在不远处有一个大土堆，土堆中间的凹陷处呈盆状，里面整齐地堆放着一些恐龙蛋，它们看起来很像大白瓜。我们知道，恐龙妈妈们筑巢时是用它们的牙齿把土挖出来的，但是我们从未想到自己居然亲眼看到了恐龙的巢穴。恐龙妈妈们一定离巢穴不远，它们肯定会无微不至地保护自己的蛋。于是我们决定藏在灌木丛中，无论如何都要等到恐龙妈妈出现。过了一会儿，我们忍不住往前走了走，想仔细观察一下。当我正要伸出手去触摸一枚恐龙蛋时，令人感到震惊的事情发生了！

我绘制了一张草图，恐龙宝宝在蛋壳里兴许就是这个样子。

我们查阅着那本"指南"，怀疑这些恐龙蛋是泰坦巨龙的，而且我们正是追寻着它的足迹到了这里。突然间，一只和猫差不多大的小恐龙不知道从哪儿飞奔了过来。

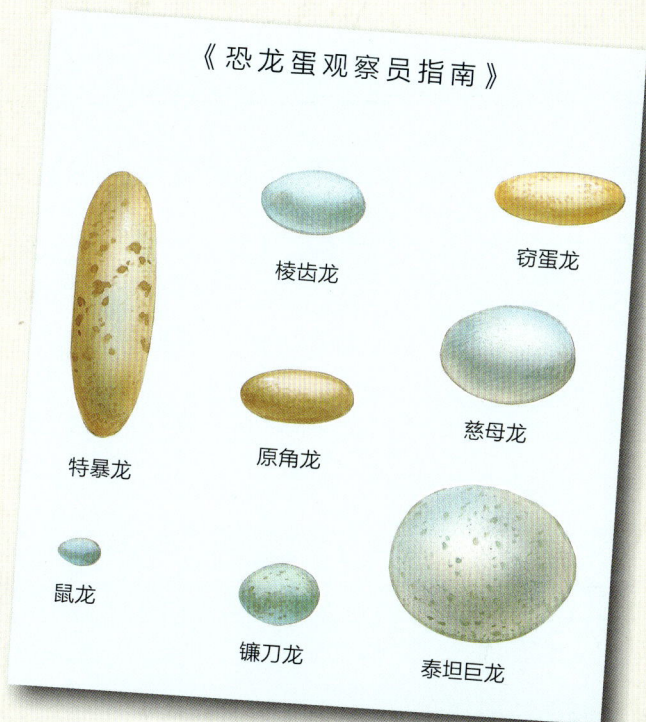

《恐龙蛋观察员指南》

棱齿龙

窃蛋龙

特暴龙

原角龙

慈母龙

鼠龙

镰刀龙

泰坦巨龙

它的嘴中叼着一块蛋壳，蛋壳里面还残存着一些蛋黄。随后，我们突然听到一声震耳欲聋的怒吼和树木被劈开的声音，一只巨大的恐龙跑到了那片空地中。它看着我们，发出一阵怒吼。我们必须赶紧逃跑！

恐龙宝宝

1979 年，人们在北美洲发现了一组恐龙化石的巢穴和一些恐龙蛋壳。科学家甚至可以在脑海中勾勒出一幅恐龙抚养幼崽的画面。他们称那些恐龙为"慈母龙"，也就是"好妈妈蜥蜴"。它当时应该是先筑起一个小土堆，然后拿牙齿当耙子去刨土（下图），把土堆刨成一个盆的形状，最后把 30 个巨大的球形恐龙蛋放在"盆"中。慈母龙并不是坐在巢穴上孵蛋，它们会在巢穴上覆盖一层腐烂的植物，使恐龙蛋保持一定的温度。当小恐龙破壳而出后，就像新孵出的小鸟和乌龟一样，也需要无微不至的照顾以及喂食。即使恐龙宝宝体格足够大，可以离开巢穴了，恐龙妈妈也会提防它们受到食肉动物的侵袭。

幸运的是，恐龙妈妈并没有追赶我们。没过多久，我们发现了一片湖，眼前的景象简直难以置信——处处都是恐龙！在怒吼声中，雷龙把脖子抻到高高的树上，享用树上的树叶。一群牛角龙正在饮用湖中的水。我们藏在几块石头后面，没有被察觉。

一些似鸵龙飞奔而过。它们跑起来就像鸵鸟一样。

与我们相比，这些动物体型巨大。只有斑比盗龙体格娇小。它们看起来有些像鸟类，与鸡差不多大，跑起来速度很快，翅膀上长着尖锐的爪子，嘴里长满了牙齿。这些小恐龙看起来同样非常凶猛。

我们甚至看到长着羽毛的恐龙在天空中飞翔。不，我们看到的不是翼龙，但是这种小恐龙看起来非常像鸟儿。

　　我们仍旧没有找到任何关于那只神秘的，有着巨型爪子恐龙的线索。乔西认为我们该回去了，但是我却想留下来。我们并不是随时都可以穿越到 7000 万年前的，对吗？我拍下了许多照片以证明我们来到过这里

这是小型恐龙中的一种，靠两条腿行走。它们以昆虫、蜥蜴和蛋类为食。这类小恐龙身上长着羽毛，看起来像是鸟类。

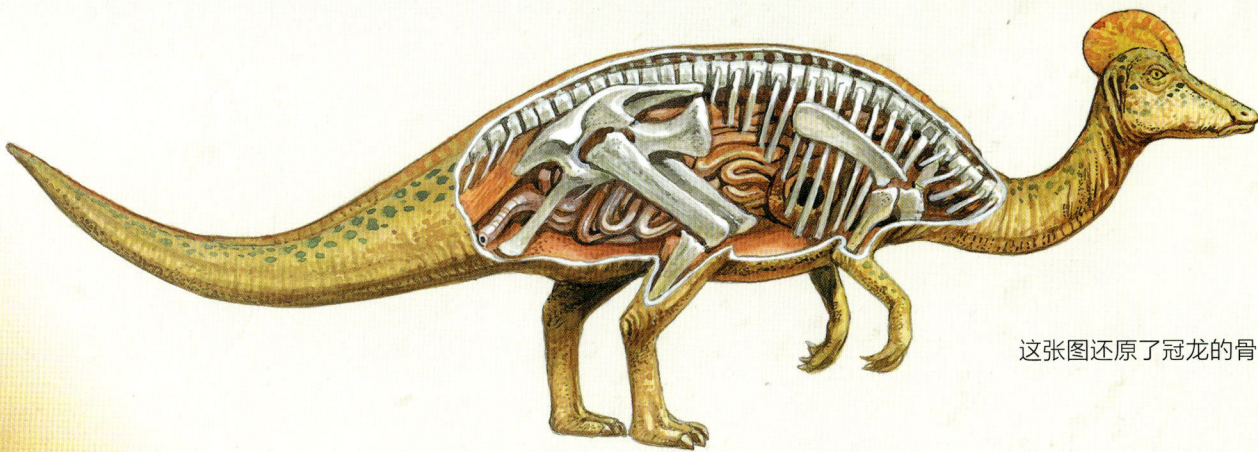

这张图还原了冠龙的骨骼。

我们所到之处，发现了许多早已逝去的恐龙尸骨。这一只身上的肉几乎被剔除了，从羽冠看，能够推断这是一只冠龙，属于鸭嘴兽家族。直到乔西观察它的脊椎骨的时候，我才想起它在食腐动物中是最危险的……

你可以看到它头部和颈部都布满绒毛。这只肉食恐龙大约和我一样高，所以我与它保持着距离。我不喜欢它的牙齿……

"梅茜，你简直疯了！"

"我们现在还不能离开，"我说，"如果我们非常安静，也不走动，它们不会追我们的。"

不久后，我们发现了一只恐龙的残骸。据说，一只食腐动物可以嗅到几千米以外腐肉的味道。哇！乔西感到很紧张,屏住了呼吸，但是我却觉得非常刺激有趣！

我们躲在岩石的后面，没过几分钟，恐龙之王就站在了我们面前。霸王龙！我们被吓傻了。这可是我们目前可以想到的个头最大、最凶残、最恐怖的怪兽了，而现在我们和它只隔几米远。天啊！它把我俩一口吞下去简直太容易了！

　　只见它从地上的恐龙尸体侧面撕下几大块肉，然后慢悠悠地走开了，我俩如释重负。谁知它似乎听到了我们的动静，停了下来，慢慢地转过身来，我们顿时愣住了。

　　它咆哮起来，令人毛骨悚然。然后它的小胳膊摆来摆去，竟然摇摇晃晃地走掉了。啊！太近了，真是有惊无险！

　　这是霸王龙的一颗牙齿，就是这么大。形状弯曲，边缘锋利，这使它很容易从猎物的骨头上撕下肉来。

食肉恐龙

人们通常称食肉恐龙为兽脚亚目恐龙。兽脚亚目恐龙属于最早诞生的一批恐龙。它们出现的时候，还是体格娇小的爬行动物。三叠纪早期时炎热、干燥的气候非常适合它们生长。树木和绿色的植被为食草动物提供了丰富的食物，随着作为食肉恐龙主要食物来源的食草蜥脚类动物越长越大，使得兽脚亚目恐龙的体格也愈加硕大，威猛无比。

似鸟龙

霸王龙

棘龙

恐爪龙

始盗龙

腔骨龙

食肉牛龙

异特龙

美颌龙

窃蛋龙

兽脚亚目恐龙靠着两条肌肉发达的后腿奔跑。像霸王龙这样的大型兽脚亚目恐龙一般都是独自捕食。它们冲向猎物，用匕首般锋利的牙齿咬向它的肉。而较小的兽脚亚目恐龙则或许是成群捕食，这使它们能够捕获到比自己体格要大的猎物。体格较小的兽脚亚目恐龙身上可能长着羽毛。

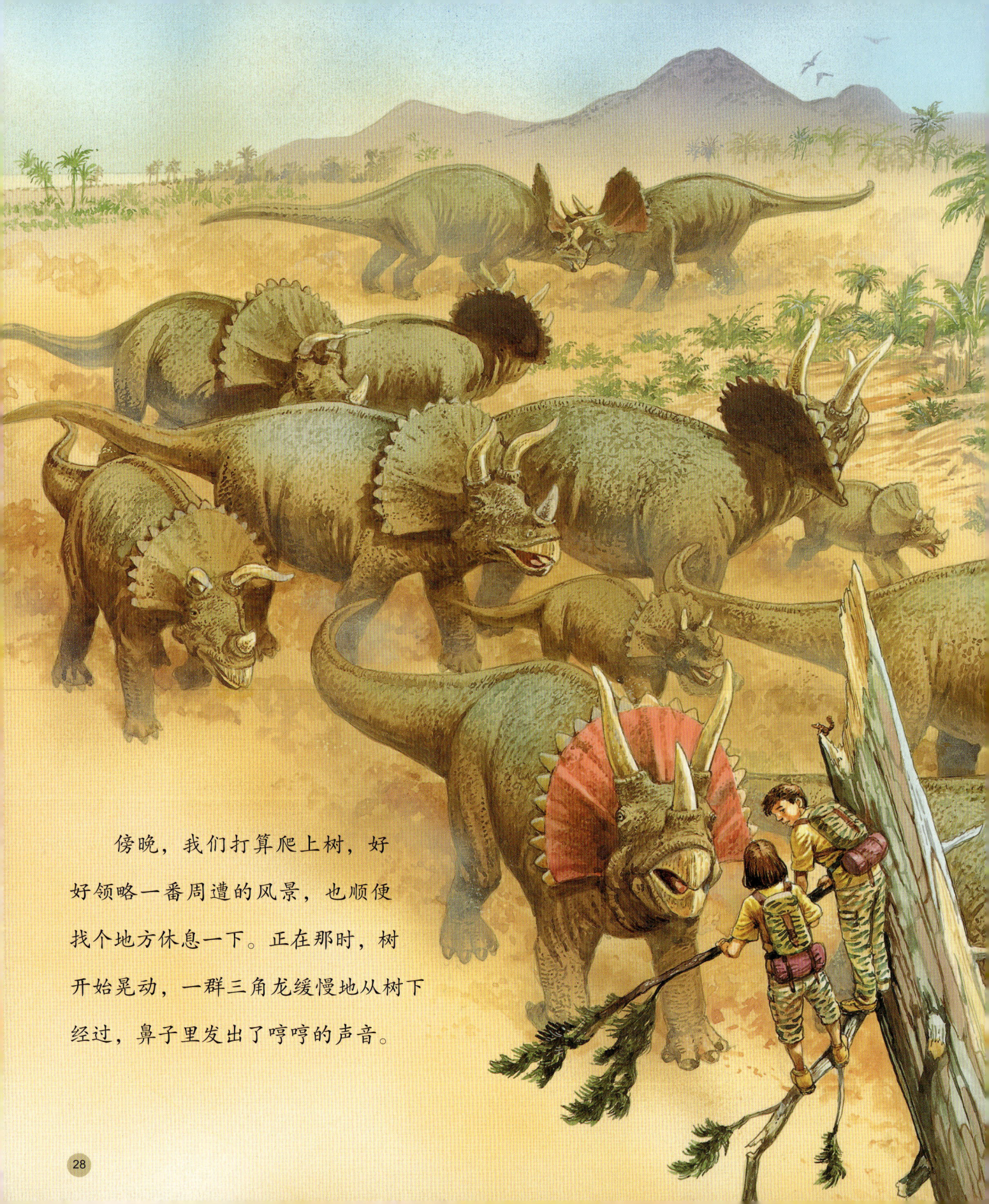

傍晚，我们打算爬上树，好好领略一番周遭的风景，也顺便找个地方休息一下。正在那时，树开始晃动，一群三角龙缓慢地从树下经过，鼻子里发出了哼哼的声音。

有些三角龙边走边用它们的喙撕扯着植物，其中两只最大的雄性恐龙相互厮打着。这场争斗看来要一决胜负了，看看究竟谁是这群恐龙的首领。三角龙群走过那棵树之后，我们便趴了下来。"我们到那边的树洞找个地方歇歇脚吧，我好累！"

乔西叹了口气。这是多么明智的决定啊！因为在树洞里，我们发现了这封信……

在离这里不远的地方，你们将会发现那种长着巨型爪子的恐龙。沿河到达河口，要当心沼泽！当你们到达河岸时，可以做一条木筏。前方不远处的岛屿便是你们的目的地。我是怎么知道这些的？和你们一样，我也是一位穿越到这里旅行的游客，我到这里也是为了寻找那个神秘的动物。

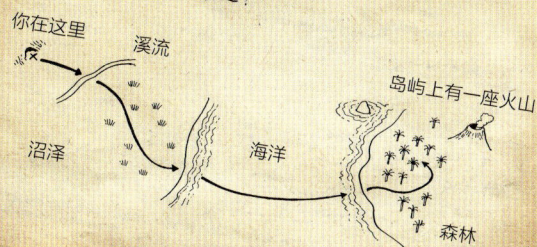

祝你们好运！

你在这里　溪流

沼泽　海洋　岛屿上有一座火山

森林

顾不得休息，我们便上路了。我们蹚过一片沼泽地，躲闪着巨大的蜻蜓。它们在我们头顶上飞来飞去，嗡嗡的叫声在耳边萦绕。我总感觉有什么东西在盯着我们，但是却不敢扭过头去……

正在这时，我们突然听到一声深沉的吼叫，震耳欲聋，有些像船只的雾号，吓了我一跳！我们匆忙转过身去，看到一只副栉龙仰着头，冲着天空怒吼。我敢肯定方圆几公里都能听到。事实上，副栉龙大概是想通过这种方式吸引同伴，或者是寻找同类的恐龙。我猜或许正是它头顶上的羽冠使它吼叫的声音格外洪亮。

"嗨，梅茜，看我抓到了什么？"乔西冲我喊道。

我看了过去，乔西抓到了一只小小的动物，全身毛茸茸的，正从他的帆布背包里向外偷窥。"我推断它就是早期的哺乳动物。十有八九是我们带回家的那只小狗的祖先，乔西，你觉得呢？"

在这份新示意图的指引下，我们找到了去往海岸的路。穿过一段较短的海域，就看到了信上提到的那座岛屿。信中说过，在这里我们将会找到那个神秘的物种！尽管天色已晚，我们还是决定搭起小竹筏，划过去看一看。

翼龙们尖叫着，时而展翅高飞，时而俯冲而下。有些则在水面上方盘旋，用嘴巴敏捷地叼起水中的鱼儿。我们还看到了海上的爬行动物。我们划着桨，看到它们像蛇一样，长长的脖子从水面上高高地耸起。

是有鳄鱼从我们身边游过吗？最好不要停下来看……

翼龙和海生爬行动物

翼龙是一种会飞的爬行动物，它们与恐龙生活在同一时期。许多翼龙在离海不远处飞行，时常从海平面俯冲下去抓鱼。它们的双翼是从臂骨和腿骨演化而来的。在早期的翼龙中，比如像双型齿翼龙，就是通过长长的尾巴帮自己引航。后来的翼龙，如翼手龙，它们的尾巴则要短很多。

双型齿翼龙

无齿翼龙

古神翼龙

喙嘴龙

鱼龙

蛇颈龙

准噶尔翼龙

鸟掌翼龙

妖精翼龙

在恐龙时代，爬行动物也称霸海上。鱼龙是一种形似海豚的物种，身体呈流线型，背鳍很高，尾巴很像鱼。蛇颈龙有着长长的脖子和鳍肢，这使它们在水中可以自由驰骋。上龙的脑袋巨大，下颌健硕无比，是当之无愧的海中猛兽，它捕食水中的小鱼、鱿鱼、菊石和其他爬行动物。

克柔龙
（一种上龙）

我们离小岛越来越近了。我掏出一副双筒望远镜，把镜头对准了岸边。什么情况？海滩后面的一些树木被撕扯得不成样子。什么样的动物有如此强大的破坏力？

当天晚上，我们在沙滩上支起了帐篷。这是多么美好的一天啊！想起这一天目睹的一切，简直激动得难以入睡。

第二天清晨，我们发现地上有许多色彩艳丽的羽毛。那封信给我们准备了一个大大的惊喜，兴许那个动物压根儿不是恐龙，而是一只巨大的鸟。

随后，我们爬过了茂密的森林，沿着那些被夷平的灌木和遭到破坏的树枝，一路前行。

突然间，我们突然听到了一阵狂野的鸣叫声。一只体格硕大、浑身长满羽毛的动物出现在我们眼前，只见它两腿直立着奔跑，嘴巴尖尖、爪子巨大。原来，它就是书中说到的那个有着大爪子的动物，可是这是一只鸟呢，还是一只恐龙？我们无暇停下来辨认！

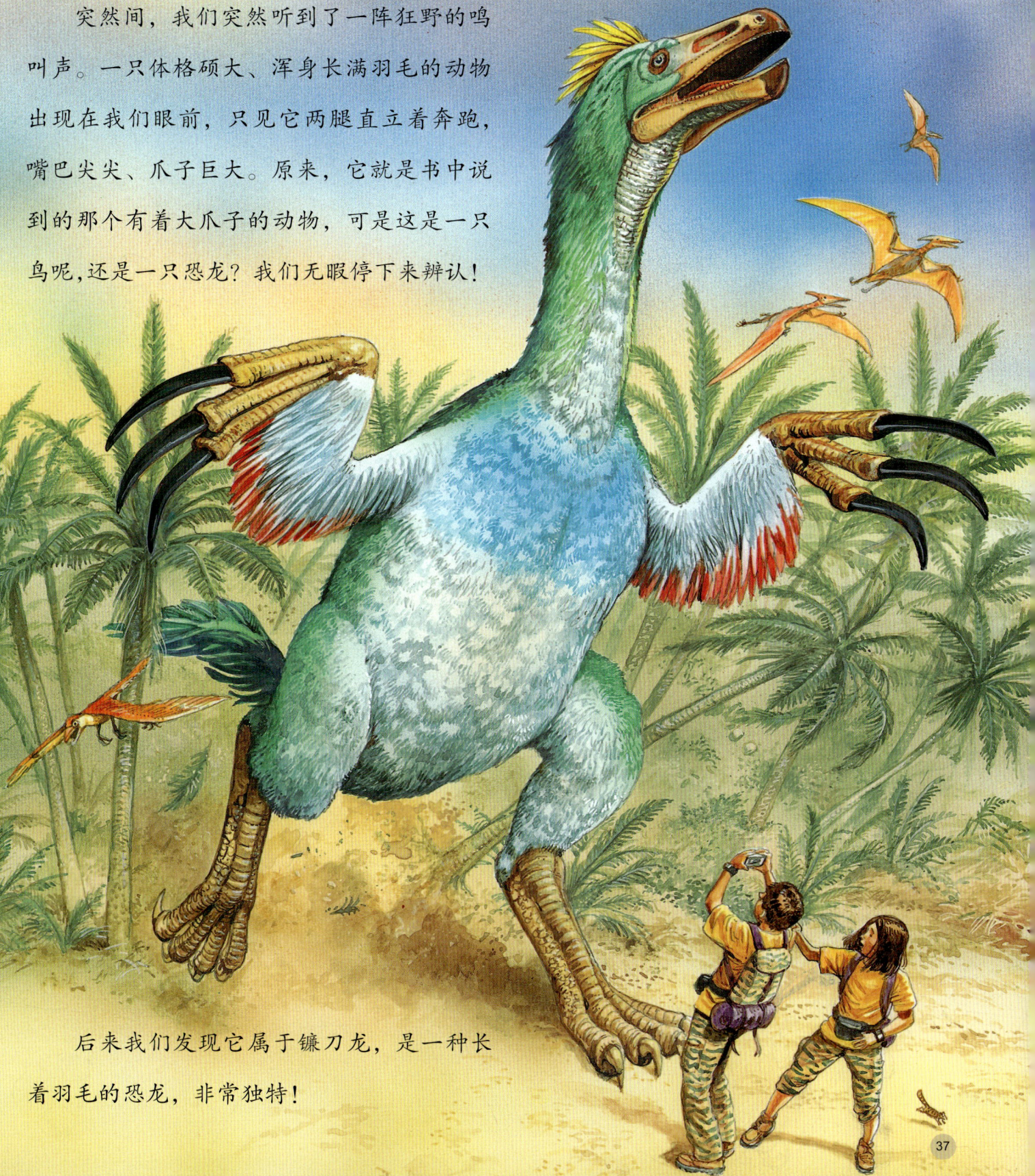

后来我们发现它属于镰刀龙，是一种长着羽毛的恐龙，非常独特！

我们乘着木筏回到了陆地上，开始向树洞出发，去找那扇可穿越回现实的门。我们跟在一群泰坦巨龙身后，向着一个方向前行。

成年的泰坦巨龙走在外侧，护着年幼的小恐龙。我们跟在小恐龙身边走，这真是好主意，因为它们似乎并不介意我们这么做。正走着，乔西突然停了下来："情况不妙，钥匙不见了！一定是从我的腰带上滑下去了。"这下可怎么回家呢？我们有些慌了神儿，简直不知所措！我们不得不回去找钥匙。幸运的是，我们发现那枚宝贝钥匙正躺在不远处的地上，闪闪发光。

我们找到了钥匙，继续前行。

我们的保护神——那群泰坦巨龙就在我们的

前方，可是，它们行动太敏捷了，我们很难追上。

这时一群奔龙偷偷摸摸地前进着，它们是一种体型虽小却凶残无比的食肉

动物。如果被它们盯上了，那我们一定就成了它们的口中餐……

哎呀！它们快追过来啦！好在幸运之神又一次帮助了我

们。一只巨大的包头龙，摇摆着它那棒槌般的尾巴，

把它脚下的几只奔龙通通击倒。趁着其他

的奔龙尚且无法靠近，我们赶紧

拔腿就跑。不知要多久

它们才能赶上我

们呢？

恐龙防卫

所有的食草恐龙都要时刻提防自己遭到食肉恐龙的攻击。体型庞大的蜥脚类恐龙在某种程度上可以自我保护，较小的食草动物则需成群结队，靠数量多来抵御侵袭。一些恐龙则通过头上的角或身上的骨板来保护自己；还有一些则长着锋利的爪牙，奔跑起来非常敏捷。

戟龙的骨颈上顶着六只尖尖的角，还长着一只巨大的鼻角。

剑龙是一种行走起来慢吞吞的食草恐龙。背上的骨板并不能帮它防身，但是它那带刺的尾巴如果冲着狂奔过来的异龙脸上一甩，则杀伤力极强。（上图）

禽龙是一种食草的鸟脚亚目恐龙。作为群居恐龙中的一员，它通常靠自己9米长的庞大身躯来抵御食肉动物。当遇到长着角的饥饿高棘龙时，禽龙也会还击。只见它后腿暴跳，用凶残的拇指状尖角刺向袭击者的颈部（右图）。

不远了！我们徒步穿越群山，寻找那个洞穴，但是一群驰龙闻到了我们的气味。当我们已经到达洞穴外的岩脊上时，非常惊悚的事情发生了！我们看到驰龙跳上山坡向我们爬了过来。乔西灵机一动，把手伸进背包里，找到了一个打火机。"火！我们用火把它们吓跑！"他大声喊道。

此时我们距它们只有几米远。驰龙流着口水，发出"嘶嘶"声。我们可以看到它们脚上长着弯弯的爪牙，看起来十分恐怖。乔西用打火机把树枝点燃，在它们面前挥舞着这把"火炬"。这些驰龙显然之前没有见过火！

驰龙向后踉跄了一下，因受到惊吓而高声咆哮着。我们赶紧钻进了洞穴里，找到了那扇门。那群恐龙仍在咆哮，再次朝着洞穴缓慢地移动过来。我扭动了钥匙，祈祷着门能被打开。耶，成功了！我们赶紧钻进去，门"砰"的一声关上了。

我们终于回到了爷爷的书房，这下就安全了。嘿，奇怪的是，周遭没有丝毫变化。乔西那杯热巧克力仍旧放在桌子上，上方还冒着热气。我们也变回了 T 恤衫、牛仔裤的装束。当我们从地上爬起来时，发现距离我们穿过那扇门仅过去了几秒钟！

但是门去哪里啦？我们四处找它，却只能看到书架的背面。

爷爷听到了我们大惊小怪的嚷嚷声，立刻走了进来。当我们告诉他刚才发生的一切时，他笑了起来。很显然，他压根儿不相信我们说的是真的。

我们的探险地图

1. 洞穴和岩脊，我们最初就是从这里看到了恐龙的世界！

2. 我们在这里发现了恐龙的足迹。

3. 在这儿我们看到了恐龙的巢穴和第一只恐龙。

4. 恐龙喂食、喝水的地方。

5. 在这里我们发现了恐龙的尸骨。

6. 我们就是在这儿碰上霸王龙的。

7. 我们看到一群三角龙经过这里。

8. 简直太幸运了，在这儿发现了那封神秘的信。

9. 这里有一片沼泽地，我们遇到了聒噪的副栉龙。

10. 我们做了一条小木筏，划过了岛屿。

11. 长着巨型爪子的神秘恐龙——镰刀龙，就居住在这座小岛上。

12. 在这里我们遇到了一群泰坦巨龙，和它们一同往北走。也是在这里，我们弄丢了钥匙。

13. 一群奔龙对我们紧追不舍，一只包头龙帮了我们的大忙。

14. 我们拼命赶走那些可怕的驰龙……最后差不多回到了这附近！

版权登记号：01-2018-8831

图书在版编目（CIP）数据

勇闯恐龙家园 /（英）尼古拉斯·哈里斯著；（英）皮特·丹尼斯绘；张昊媛译 . -- 北京：现代出版社，2019.10
（时间的钥匙）
ISBN 978-7-5143-8070-5

Ⅰ. ①勇… Ⅱ. ①尼… ②皮… ③张… Ⅲ. ①儿童故事—图画故事—英国—现代 Ⅳ. ① I561.85

中国版本图书馆 CIP 数据核字（2019）第 175314 号

时间的钥匙：勇闯恐龙家园

作　　者	［英］尼古拉斯·哈里斯	网　　址	www.1980xd.com
绘　　者	［英］皮特·丹尼斯	电子邮箱	xiandai@vip.sina.com
译　　者	张昊媛	印　　刷	北京瑞禾彩色印刷有限公司
责任编辑	王　倩　崔雨薇	开　　本	889mm×1194mm　1/16
封面设计	八　牛	字　　数	50 千字
出版发行	现代出版社	印　　张	3
通讯地址	北京市安定门外安华里 504 号	版　　次	2019 年 10 月第 1 版　2019 年 10 月第 1 次印刷
邮政编码	100011	书　　号	ISBN 978-7-5143-8070-5
电　　话	010-64267325　64245264（传真）	定　　价	150.00 元（全 6 册）

THE TIME KEY

时间的钥匙

【英】尼古拉斯·哈里斯 / 著　【英】皮特·丹尼斯 / 绘　张昊媛 / 译

解救黑暗城堡

中国出版集团　现代出版社

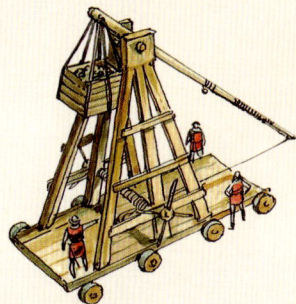

亲爱的小读者：

想知道城堡里的生活是什么样子吗？身披盔甲的骑士、比武、盛宴、攻城……除了这些还能想到什么呢？我们对此也十分好奇！

一次非常偶然的机会，我们穿越到了公元700年的中世纪。然而，那里是我们至今去过最危险的地方。如果身怀绝技的神射手向你射去致命的一箭或者使用巨大的弹弓将一块圆形巨石向你砸过来，你会感觉如何？简直太可怕了！

所以，我们打算把亲身经历的一切都记录下来，把那些冷冰冰的东西都记在日记本上。看了之后，我们敢肯定你会仿佛亲历一场惊心动魄的探险，到时你便不难识破这壁垒森严的城堡里的真面目了！

乔西与梅茜

THE TIME KEY

时间的钥匙

解救黑暗城堡

"看这里！"手指轻轻一弹，梅茜松开了弹射臂，一块橡皮滑过了桌子。她激动地喊道："嘿！还真管用！"我和梅茜制作了一个投石机的小模型。早在几百年前，人们便使用它来围攻和防守城堡要塞。

我和妹妹梅茜住在爷爷那座老旧的大房子里。爷爷知道我们俩都对城堡非常感兴趣，他告诉我们，在他的书房里有一本书讲到了如何制作投石机的模型。我们正在按照那本书中的步骤尝试，突然，又有一本书从书架滑落到地板上。"好奇怪！"梅茜说，"我们离书架还那么远呢。"这是一本讲述城堡历史的老书，一张书页突然从书中滑落下来。这一页讲的是一位邪恶的男爵，他的城堡被围攻，最终被俘获的故事。

一位被推翻的男爵

13 世纪末期的城堡都极其坚固。攻占城堡的唯一方法便是派兵将其包围，断绝任何食品和饮用水的供给。这样的围攻战术需持续数月，甚至数年的时间。但是，在 1295 年有一次重大转折。人们成功地攻占了一座城堡，这座城堡属于一位很有权势的男爵杰弗里·德·博维尔（Geoffrey de Beauville）。这位男爵出了名的残暴，他曾经下令烧毁了自己土地上所有的作物和畜牧，使得每一位佃户和他们的家庭都要忍饥挨饿。这件事情使他臭名昭著。他那座看起来牢不可破的城堡在数小时内被军队围攻，最终落入邻近的一位男爵手中。尽管相传潜入这座城堡的间谍功不可没，但是最终无人能清楚地知道这一伟大壮举是如何实现的。

杰弗里·德·博维尔

47

我们从这本书中认识了这位劣迹斑斑的男爵。正在此时，一股冷风从那本图书滑落的地方吹了过来。我和梅茜从书架上又取出了几本书之后，发现在书柜的后面有一扇小木门。我转动了门上的钥匙，门开了。

　　"看起来像是一间食物贮藏室，但是里面太黑了，看不太清楚。"我看了看说道。"走，乔西，我们进去探个究竟。"梅茜非常兴奋地低语。几分钟的工夫，我俩便挤进了那间屋子。

　　这是一间寒冷的房屋，墙和地板都是用石头建造的。我们顿时傻了眼。

　　这间屋子的房顶呈低矮的拱形，由沉重的立柱支撑。整个房间看起来很像爷爷家的地窖，我们也只有在那里见到过把成块的腊肉和成捆的蔬菜系在一起，挂在房顶的钩子上。门虚掩着，我们听到外面有人在聊天。

7

我们向外张望，看到外面聚集了一大群人，身着中世纪的服装。不远处坐在马背上的人是骑士吗？"他们或许是在拍电影。"梅茜跟我窃窃私语道。我们走到了庭院中，发现自己换装了。这时，我和梅茜才恍然大悟，原来我们来到了一座城堡里。也就是说我们穿越到了公元 700 年！

一位看起来很重要的人物在高高的讲台上发号施令，站在我们旁边的一个男孩儿愤愤不平地嚷嚷道："听听那个愚蠢的老家伙在说些什么！看看他是如何对待我们的，难道他不知道大家都非常痛恨他吗？"

我们环顾了一下四周的人群。大部分人都安安静静地听着，但是也有很多人像那个男孩儿一样怒气冲冲、牢骚满腹。

8

9

中世纪指南

这是一张关于封建制度的示意图。国王（1）是最有权力的人，其次是男爵（2），然后是骑士（3），农民居于最底层（4）。

在欧洲历史中，中世纪是指从公元1世纪到公元14世纪。在那一时期，土地即是权力的象征。国王把土地分配给贵族阶级以博得他们在战争中的支持。男爵们在自己的领地里修建城堡，或者再把自己的土地分封给为他们战斗的骑士。所有的贵族掌控着耕田的农民。这便是封建制度。

男爵会把自己的土地分成若干个庄园，由农民耕作。作为回报，农民会把耕种的一部分庄稼交给庄园主。在贵族土地上劳作的农民也会拥有一小块土地种植自己的农作物。有些庄园里有风车，可以把谷物磨成面粉。

大部分的农民都是佃农，他们从出生起就不得不待在庄园里。也有一些自由民，他们可以从一个庄园到另一个庄园去。

在 14 世纪 40 年代"黑死病"席卷欧洲之前，中世纪的欧洲非常富裕。食品生产和人口数量均呈增势。商人们开始从远方交换商品，用欧洲北部的羊毛、铁和毛皮交换南方的丝绸、香料和糖。海港成为交易商品的场所。

欧洲中世纪时期，基督教会非常重要。许多人成了修道士或修女，把自己的一生奉献给教会。许多城市都建有大教堂。教堂的英文"cathedra"也有"主教的座位"之意。

男爵刚讲完话，一位妇女便命令我们回到厨房工作。我们仍旧对眼前的一切感到眼花缭乱，只好按照吩咐做事。厨房里真的非常热！壁炉上烤着一头猪，我必须一直转动烤架，这是一项艰巨的任务；而梅茜负责拔掉鹅身上的毛。我们听到有人在大声抱怨："那个男爵太凶残了！我兄弟向他讨债，男爵竟然用猎犬将他逐出城堡。幸亏他逃过一劫！"

我们有许多任务要完成。厨师命令我们去贮藏室（就是我们从爷爷书橱壁上那扇门钻进去的地方），突然，我们在庭院里遇到的那个男孩儿急匆匆地从我们旁边跑过去，只见士兵们在他身后紧追不舍。

"嗨！"我向他打招呼，"来这里。"刹那间，男孩儿跳入了一个水桶，梅茜慌忙把盖子盖紧。士兵跑到我们身边，

神情严肃地说："你们看到过一个男孩儿从这里跑过去吗？"

"没……没有，我们没有看到。我们一直忙着收拾这些坛子呢。"梅茜答道。

"那个小贼，只会惹是生非。我们看到他往地牢的方向跑了，一定是去那里了。"我指了指远处说道。

士兵走了之后，男孩儿从水桶里爬了出来。"谢谢你们，"他气喘吁吁地说，"我叫汤姆，不是什么贼。告诉你们一个秘密吧，我是善良的骑士盖伊·德·莱西先生手下的一名随从。我们从另一座城堡来，是为了铲除这座城堡里那位邪恶的男爵。"

13

汤姆和我们讲述了男爵是如何严苛地惩罚无辜百姓的，他甚至抢走了盖伊先生和汤姆所在城堡的土地。汤姆把我们带到瞭望台，俯身看下去，极为壮观！

　　"我来这里的任务是为了绘制一张城堡平面图。这样我们的军队来了，就知道哪里最容易进攻了。但目前图纸还没有绘完。我还没能溜进城堡主楼内部呢，男爵就住在那里。"城堡像是一个小城镇，这里有面包房、马厩、牛棚，甚至还有风车。

　　"我只是偷拿了一些食物，却被士兵发现了，他们现在正在追查我。感觉这

次我是很难完成任务了。"汤姆面露难色。

"也许我们可以帮你一把。"梅茜自告奋勇道。汤姆

笑着说："谢谢！或许你真的能帮到我。"

城堡历史指南

兴建城堡的历史要追溯到公元11世纪。最初的城堡是木塔,建在被称为"土墩"(下图)的山冈上。如果没有天然的山坡,那就需要人为建造山坡,这就要雇用数以百计的工人挖土和牵引木材。

塔的四周用高高的栅栏围了起来,外面抹了一层灰泥,所以看起来很像石头围墙。领主一家人和卫兵就住在塔楼里。土墩上是城堡的庭院,还有一层栅栏保护着这片空地,四周环绕着沟渠。战争时期,劳工和家畜就居住在这里。此外,庭院里还有门厅、小教堂、谷仓、马厩、牛棚。一座吊桥把土墩和庭院连接起来。

塔楼

土墩

门厅　马厩

庭院

谷仓

粮仓

小教堂

门

栅栏

沟渠

木塔并不防火,到了公元11世纪末,木制栅栏被石头城墙取代(右图)。单独一座城堡的建造风格也有所改变,取而代之的是背靠城墙的生活区和其他一些建筑,城堡中间仅留下一处小小的庭院。

到 了 12 世纪，人们开始用大型石块建造城堡主楼（左图）。城堡外墙竖立着一堵厚厚的石头幕墙，与其相连的是一间巨大的门房和一座吊桥。到 12 世纪末时，建造城堡的工人开始在幕墙上建造塔楼。而弓箭手就可以爬上城墙击落敌兵。

100 年之后，人们又开始兴建轴心环形城堡，里外有两层环形防守城墙包围着城堡，外城墙要比内城墙低。袭击者如果想夺下城堡，必须冒着巨大的风险，冲破很多障碍，才能让自己置身于两堵城墙之间。大约在 1285 年，欧洲城堡几乎成了牢不可破的战略要塞。

建于公元 13 世纪叙利亚的骑士堡是建造最早的轴心环形城堡。

汤姆把没有完成的计划交给我们："去找我的堂妹——艾格尼丝，她在夫人们的衣橱间做女裁缝，那是一间紧挨着私密卧室的房间。她熟悉城堡里每一间房屋和每一条走廊，而且她也很乐意帮忙。"

我们找到她时，发现她正在和另一位夫人的女仆一同缝衣服，于是我们编了一个故事说一位夫人急需艾格尼丝，所以她必须随我们出去一趟。"我们是汤姆的朋友。"我们找到了一处没有人能听得见的地方和她坦白，梅茜悄悄地问："你能带我们在城堡主楼里四处转转吗，艾格尼丝？"她会心一笑，说："叫我阿姬就好。你们的确找对人了！"

她先带我们来到日光浴室，这里只供男爵私人享用。

透过锁眼，我们看到男爵和夫人正在下棋。这里没有其他人，非常安全。阿姬把我们带到男爵的卧室。"难道你们不希望拥有一张这么舒适的大床吗？"她大笑起来，"像我们这些奴仆都只能在又冷又硬的地板上睡觉。"

　　我们从一个房间窜到另一个房间，把每个屋子的户型和位置在平面图上标注出来。当我们正要从螺旋楼梯上下楼时，阿姬突然发出一声惊呼，一把把我们拦在了窗帘后面。我们屏住呼吸，男爵和夫人擦身而过。

　　"嗨，梅茜！"我悄悄地嘀咕，"这不正是爷爷那本书里照片上的家伙吗？"我们还没来得及仔细思索，阿姬就轻轻拍了一下我的肩膀，让我们穿过庭院，去看一下大礼堂。

　　"这是男爵举行骑士仪式，与其他爵士议事，解决农民争端等事情的地方。有时，城堡里的人们还在这里举行大型宴会。"阿姬介绍道。仆人们抱着一打打桌布，举着装满食物和银器的托盘在走廊里疾步穿梭。往前看，一个盾牌和两支交叉的矛悬挂在高桌后的墙上。我猜那里一定是男爵和夫人的专座吧！"好啦，我必须得回去工作了，"阿姬问，"你们两个能搞定吗？"

我们对阿姬表达了感谢，然后跑去找汤姆，想把平面图交给他。但非常不走运的是，两名士兵率先发现了他。只见汤姆一边被士兵拖拽着往前走，一边叫嚷着。现在我们该怎么把平面图送回到汤姆的城堡呢？

"等今晚再说，"梅茜说，"你难道忘记了吗？我们登上瞭望塔的时候，他告诉我们地牢的位置了。不要着急，我们去地牢找他。"

关押汤姆的小牢房阴冷又昏暗，只有天花板上的格栅能透出些许光亮。"汤姆，"我们小心翼翼地低声呼唤，生怕惊动士兵，"图纸该给谁？"汤姆告诉我们："明天一辆牛车将会拉几袋谷物到城堡来，车会停在铁匠的工厂外。牛车夫是盖伊先生的朋友，你们把图纸交给他就好。

记住，无论你们怎么给他，都不要被任何人发现。"于是当天晚上，我们便在牛棚上的干草棚找了一处安静、温暖的地方过夜。清晨还有重要的任务要做，因此我们需要好好休息。

正如汤姆所说，第二天牛车如期而至。梅茜分散了士兵的注意力，我把图纸交给了车夫。我甚至没看清他的样貌，但是他慈善的面容似曾相识……

"汤姆让我把这个交给你。"我小声地告诉他，他并没有应声。仆人们从他的车上卸下几袋谷物。当车夫准备扬鞭返程时，他冲我眨了下眼睛，然后在无人察觉的情况下，悄悄递给我一张字条。

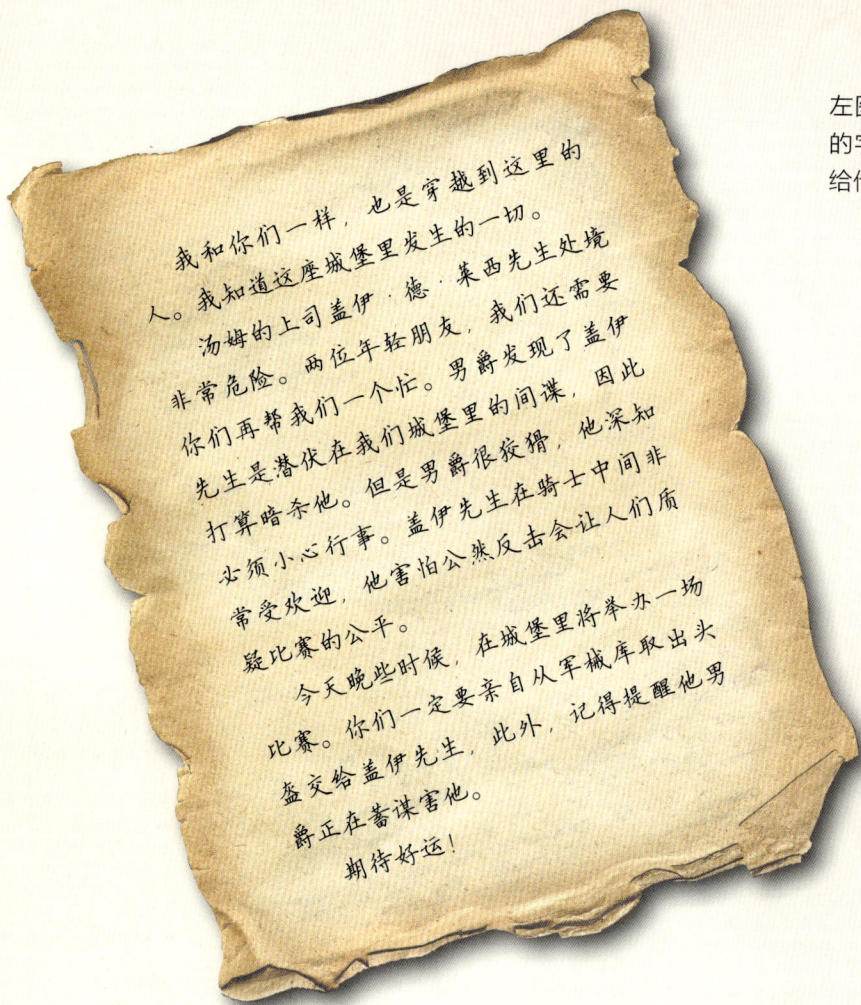

左图就是车夫悄悄递给我们的字条，而右图则是我们交给他的城堡平面图。

地牢

护城河

瞭望塔

0　比例尺　20 米

我和你们一样，也是穿越到这里的人。我知道这座城堡里发生的一切。汤姆的上司盖伊·德·莱西先生处境非常危险。两位年轻朋友，我们还需要你们再帮我们一个忙。男爵发现了盖伊先生是潜伏在我们城堡里的间谍，因此打算暗杀他。但是男爵很狡猾，他深知必须小心行事。盖伊先生在骑士中间非常受欢迎，他害怕公然反击会让人们质疑比赛的公平。

今天晚些时候，在城堡里将举办一场比赛。你们一定要亲自从军械库取出头盔交给盖伊先生，此外，记得提醒他男爵正在蓄谋害他。

期待好运！

城墙是采用加厚的砖石建造的。几座瞭望塔环绕着城墙而建，高高的城墙上还有士兵用来巡逻的步行道。城墙内部有两个庭院，一个是"内庭院"，另一个是"外庭院"。外庭院是城堡里的人们举行市集的地方。门房有几扇厚重的门，这是进出城堡的唯一通道（或许每个人都这么认为）。护城河上的吊桥和吊门可以升降。城堡的主楼位于"内庭院"里，男爵和他的家人就住在里面。内庭院里还有一些其他建筑，如我和梅茜工作的厨房，以及铁匠的工厂。

22

警卫室

门房立面

城堡外墙下方的沟渠称作"护城河"。
汤姆告诉我们，护城河里满是臭水，还
有一些气味刺鼻的厕所垃圾。

N

风车

门房

马厩、牛棚

马厩、牛棚

果园

外 庭 院

护城河

塔楼里的
小礼拜堂

花园

厨房

内庭院
的门房

主楼

仓库

军械库

仓库

井

内 庭 院

主楼

铁匠的工厂

大堂

后门

卧室

衣柜 日光浴室

主楼立面

接待处

我们必须迅速采取行动了，如果盖伊先生遇害，那么原定袭击城堡的计划将化为泡影。于是我和梅茜直奔军械库。军械库的壁炉里生着火，非常暖和。因为户外敲击金属的"砰砰"声和磨刀发出的"霍霍"声显得格外刺耳，我们说话时不得不提高分贝。

军械保管员非常友好，面带微笑地说："拿着，盖伊先生比赛专用的头盔。"我们接过来，刚走进庭院的时候，一个骨瘦如柴、面相狡黠的男孩儿突然走了上来，一把从我们手里夺过头盔。"小屁孩儿，把头盔给我，"他蔑视地说道，"男爵命令我务必把头盔亲自交给盖伊先生。"说完他就跑了，我们在后面拼命追赶他……

但是，他很快就消失在城墙外的比赛场上。这可怎么办呢？我们四处环顾。人们被分成一组一组的，侍从们正在练习射箭，骑士们骑着马准备比武。

"嘿！"有人大声叫嚷着。阿姬挥舞着弓和箭，说道："想知道谁是最佳射手吗？"好吧，你永远不知道射箭这样的小伎俩什么时候能够派得上用场。

比赛正如火如荼地进行着，最刺激的比赛项目是骑马比武。虽然我非常想看比赛，但是得先找到盖伊先生，把男爵的计划告诉他。

骑马比武的比赛规则

1. 只有骑士才能参加骑马比赛；
2. 将比赛参与者分为攻方和守方，比赛前传令官将亮出他们的盾徽；
3. 攻方将通过敲击盾牌的方式选择他希望比试的守方；
4. 传令官将宣布每一位参赛者及他们所有的光荣战绩；
5. 每场比赛共三轮；
6. 发出信号之后，参赛选手骑在马背上，手持长矛和盾牌，从各自的栅栏后向对方骑去；
7. 每一轮比赛中，参赛者可以使用三支长矛，当三支长矛都有损毁，该轮比赛结束；
8. 如果人从马上摔下来，整场比赛结束；
   长矛刺中对手的胸部将获得一分；
9. 长矛刺中对手的头盔将获得两分；
10. 将对手击落下马将获得三分；
11. 如果长矛完好无损，被视为侧击，不计入任何分数，除非对手从马背上摔下来；
    胜利的一方将可以把对方的马和盔甲据为己有，
    或者索要赎金；
12. 如果有一方从马背上摔下来，比赛将进入赤足搏斗环节；参赛者手持刀、剑或匕首比试，
13. 如果双方比分持平，比赛将进入赤足搏斗环节；
    直到有一方投降或偶待到黄昏才结束。

"他在那里！"梅茜突然叫起来，但是我们没有办法及时接近他。盖伊先生的比赛是下一项，应该在午后，而盖伊先生并不知道我们是谁。当那个男孩儿从我们手中抢过头盔，把它交给盖伊先生的时候，我们是那么无助。此时的盖伊先生看起来一头雾水，兴许他在四处寻找自己不见了的随从汤姆。但无论怎样，那个狡猾的侍卫把头盔取走了。他正帮盖伊先生戴上头盔，并系紧绳子，把头盔牢牢地固定在他的头上。

骑士纹章指南

金属色　　　　　　　纹章色

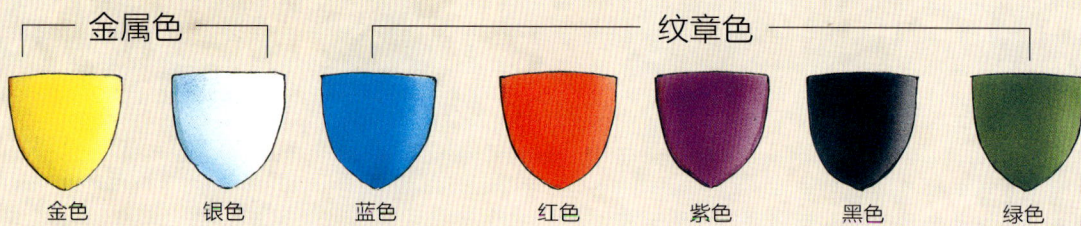

金色　　　银色　　　蓝色　　　红色　　　紫色　　　黑色　　　绿色

普通图记

横条纹　　竖条纹　　对角纹　　人字纹　　X 形纹　　十字纹　　环形纹

盾面分区

水平等分　　垂直等分　　斜分　　　椽状分　　X 形等分　　十字分

图记变体

圆弧线　　反弧形线　　堞口线　　锯齿线　　浪线　　　云朵线　　凹凸斜线

几何图形分隔盾面

三角形　　菱形花格　　方格

条纹分隔盾面

横条纹　　竖条纹　　对角条纹　　人字形条纹

皮毛盾面

黑点白毛皮　　青白相间毛皮　　T 形毛皮

装饰图记

狮子　　狮鹫　　圆形

布满小花纹

鸢尾花纹

身披铠甲的骑士看起来长得都一样。为了方便辨识，骑士们用各自的盾徽装饰自己的装备。经过设计的盾徽称作纹章。当家族成员结婚时，盾牌将被分为两个盾徽（下图左）。当他们的儿女成婚时，盾牌会再次进行二等分，或是四等分（下图右）。

纹章的底图称作"盾面"。盾徽要么为金属色（金色或银色），要么着以各种颜色，称作"纹章色"。盾徽背景上有一些简单的几何形状，称作"普通图记"，它以不同的方式切割或变换。盾徽上也有图像符号，称作"装饰图记"。此外还有一些图案较为复杂的盾面，包括"皮毛盾面"和"布满花纹的盾面"。

传令官负责设计盾徽，此外他们会把设计的盾徽整理成册，称作"纹章书"。

一枚盾徽的构图由多重元素构成。在一枚着色的盾徽的盾面上必须放一枚金属寓意物，反之亦然。

盖伊先生正要上场比赛，突然听到一阵叫嚷声："有敌军入侵！"

我们朝士兵们所指的方向张望，看到大批敌军步步逼近，他们离我们已经非常近了。四周的人们慌乱起来，马背上的骑士、女仆、卫兵、城堡里的居民，几乎竞技场上所有的人都向吊桥的方向飞奔而去。人们只有躲在城堡的围墙中才是最安全的。我们也加入了逃跑大军，但是阿姬发现盖伊先生倒在了地上，来回打滚，痛苦地挣扎着，好像哪里不舒服。

盖伊先生呼吸困难，头盔简直使他快要窒息了！我们三个人赶紧上来帮忙。阿姬和梅茜拼命地往上拽头盔，我用匕首割断了帽子后面的皮带。

"唷！"我们终于帮盖伊先生脱去了头盔，他大口大口地呼吸着，非常感激我们，"幸亏你们发现了我，我确实遇到了麻烦。"他说道。我们告诉他，我们是汤姆的朋友，知道所有关于进攻城堡的事情，我们还和盖伊先生讲了如何帮助汤姆绘制城堡平面图的事。盖伊先生告诉我们，他敢肯定这个头盔被人做了手脚，一定是男爵发现了他的真实身份，希望除掉他。

此时兵临城下，但是盖伊先生却告诉我们，在这个关键时刻我们应该回到城堡里去。目前首要的任务是帮助盖伊先生的部队打败邪恶的男爵！临走的时候，阿姬似乎发现有什么东西落在了草坪上……

"嘭！嘭！"一块块巨石猛烈地撞击着我们下方的城墙。"嗖！嗖！"一支支箭从我们的鼻尖上方飞过。这确实不是在演电影！我和梅茜受到了惊吓，躲在城齿的后面——城垛的高处。我们周围的弓箭手和弩箭手都在拼命还击。

"快看！"梅茜大声叫道，"真正的投石机！和我们制作的模型一模一样。""是的！"我也激动地冲她嚷嚷，"还有真正的投掷物。快把头低下去！"

正在这时，我们看到一座顶篷覆盖着兽皮的巨型塔楼一边发出"隆隆"声，一边缓慢地向前移动。我想，往这个方向驶来的是攻城木，这一定是在围攻城堡。情况不妙！

攻城武器

臂

用来装载投掷物的吊索

投掷物

用来发射投掷物的扳机

抛石机是一个巨型弹弓，可以用巨大的力量将投掷物投向目标，并且非常精准。它可以把物体投掷到方圆200米以外的区域，或是砸向城墙，或是扔到城堡里。威力巨大！抛石机有一个长长的臂，在臂的一端挂着重重的平衡物，另一端则是吊索。一旦绷紧绳索，投掷物便就位待发。吊索臂由一个扳机牢牢地固定着。收到开火指令时，就会松开吊索，悬挂的重物快速下落，导致抛石机的臂向上飞起，投掷物就会随着惯性猛地投出去。人们会把投掷

装载着投掷物的吊索

物放在一个导槽内，防止它从吊索上滑落下来。

抛石机不仅可以向城堡的城墙投掷巨石，而且还可以向城堡里投掷各种各样的投掷物：动物，甚至人的尸体可以传播疾病；而火罐可以诱发火灾；锋利的木杆、飞镖或是灼热的沙土也可以当作投掷物。

臂

投掷物

木制防弹盾

抛石机

木架

手拿木槌用于扳机开关的操作员

导槽

负责缠绕绳索的齿轮

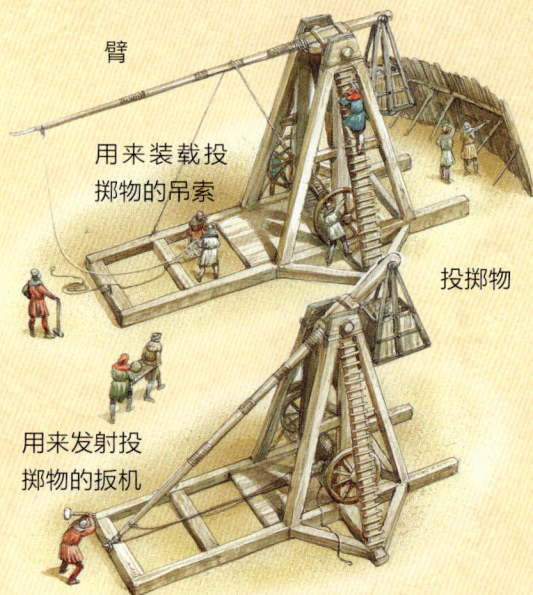

碎石

火罐

动物尸体

投石机是另外一种弹弓，比抛石机小，且更易移动。它有一个臂和一只桶，吊在木架子上。攻击力来自紧紧缠绕的绳索。只需要两个人便可以轻松操控它。一个人负责将投石机的臂收回来，把绳索缠绕好；另一个人将臂锁定，把投掷物装载就绪。一旦松开扳机，缠绕着的绳索便会往回弹，臂就会借着这股力向前甩，"砰"地落在垫梁上，投掷物则会随着这股惯性被甩出去。石块和火罐是最常使用的投掷物。投石机在攻破城墙方面格外见效。

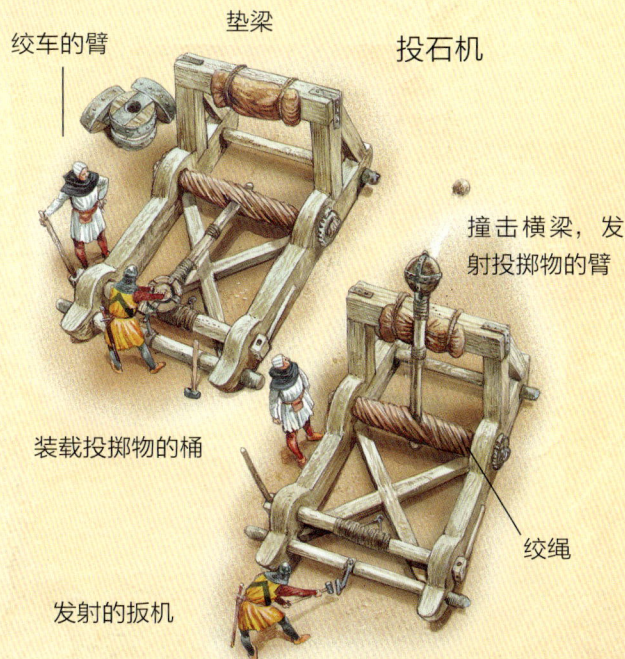

绞车的臂

垫梁

投石机

撞击横梁，发射投掷物的臂

装载投掷物的桶

绞绳

发射的扳机

破城槌

破城槌是用来撞击城堡大门的。破城槌的内部是一辆木制马车，而外部搭着一个遮棚，用来防止士兵中箭。遮棚上覆盖着一层潮湿的兽皮以避免破城槌着火。在遮棚的内部，几根链条将一根粗壮的树干悬挂在棚顶的横梁上。树干的前端是锥形的，用铁皮将它加固。士兵们前后摆动树干，以巨大的攻击力撞向目标。

攻城异常刺激，甚至让我们忘记了自己此时可是身处险境，随时都有可能濒临死亡！我们需要时刻提醒自己也有可能遭到我们自己一方的攻击。正在那时，我们在城垛上看到了盖伊先生。"嗨！你们两个小家伙在这里干什么？难道希望箭从你们的脑门上穿过吗？跟我来，帮我一个忙！"我们溜着城垛的边，跟在骑士的后面往前走，到了一座塔楼，进入一条又长又黑的走廊。"就在那里，"他面带笑容地说，"汤姆的平面图十分精准！"在最下方的阶梯上，我们看到了一扇门。

"这是城堡的后门，在这里有一条秘密进出城堡的通道。我们的士兵正在门外等候。当我给你们发出信号之后，你们就把门打开。"我和梅茜在那里等候着，双唇紧闭，神情紧张。盖伊成功地牵制了守望后门的士兵，只听塔楼上有人大声喊道："开门！"

我们使尽浑身力气拉开了笨重的木门。正如盖伊先生所说的那样，有十几位士兵正在门外等候。士兵们神情严肃冷酷，他们的列队从我们身边走过，进入城堡，快速爬上了楼梯。那位邪恶男爵的士兵们正在正门疲于对付盖伊先生的部队，丝毫没有察觉到有人已经入侵城堡了。

　　我们向警卫室走去，那里的士兵并没有注意到我们。几秒钟后，我们松开了绞盘机，打开了吊闸，发出了"嘎吱嘎吱"的响声。梅茜把自己吊在绞盘机的把手上，希望吊闸能打开得更快一点。

城堡防御工事

城堡的门房是一道特殊的防御工事。两座塔楼分别居于城门的两侧。弓箭手（左图）可以通过墙上狭窄的缝隙射箭，这个狭窄的缝隙称作"箭孔"。一旦城堡遭到袭击，一座升起的吊桥、两个吊闸以及沉重的门将会把城门封锁起来。吊闸上木制的格栅滑向两侧石墙的凹槽里，由升降机控制吊闸的升降。把敌人困在两扇吊闸之间，使得士兵有机会通过楼顶的"屠坑"向敌人射箭、投掷巨石或灼热的沙子（右图）。在攻城之前，士兵们会把木制的围墙固定在城垛上，上面覆盖着潮湿的兽皮，避免着火。围墙用来保卫守城的士兵免于中箭，地板上有出口，投掷物可以从出口处掉下去。

石砌的城齿之间用铰链连接的遮板

士兵队长

护城河

石头投掷物

瞭望塔

有枪眼的护墙

吊闸的升降机

给沙子加热的金属炭火盆

箭孔

屠坑

加盖木制的围栏

吊闸

吊桥

仅在顶部有出入口的地下密牢

吊桥放了下去，吊闸升了
起来，攻城的部队一下子涌入了城
堡。城堡内的士兵随即放下武器投降。其实，
他们内心也在欢呼雀跃吧！终于有人要制服他
们痛恨的男爵啦！

但是男爵在哪里呢？"我们希望活捉这个恶棍，"盖伊先生说道，"他必须认罪！"

"我应该可以帮上忙。"突然有人小声说道。是阿姬！在攻城前的混战中，我们和她走散了。"我熟悉这里的每一个角落。我敢肯定我能找到男爵和夫人的藏身之处。"阿姬自信地说。

阿姬带我们爬上楼梯，来到城堡的主楼上。她把我们带到塔楼顶层一间看起来空荡荡的屋子里。"在那里。"她指向地板上的活板门说道。盖伊先生用他的剑尖挑开活板门，只听门下有人低声抽泣，"求求你，饶了我！"男爵缓慢地爬了出来。当他看到盖伊先生时，立马咆哮起来："我以为你早就被我消灭了。"他怒吼着被拖走了。然后，我们迅速取走了地牢的钥匙去援救汤姆。

阿姬、梅茜和我三个人齐上阵，最终用一根绳子把汤姆拉了上来。

地牢并没有空多久，因为盖伊先生觉得男爵应该独自在那里待一晚上。此时，汤姆和盖伊先生所在的城堡里正在举行盛宴，为这场胜利庆功。盖伊先生、阿姬、梅茜和我作为特邀嘉宾出席了这场盛宴。汤姆作为盖伊先生的随从，正站在他的身边呢。乐手奏起了音乐，杂技演员们奉上了精彩的演出，这里的城堡主还为所有人准备了丰盛的美食。突然，我们想到该回家了，可是……钥匙在哪里？

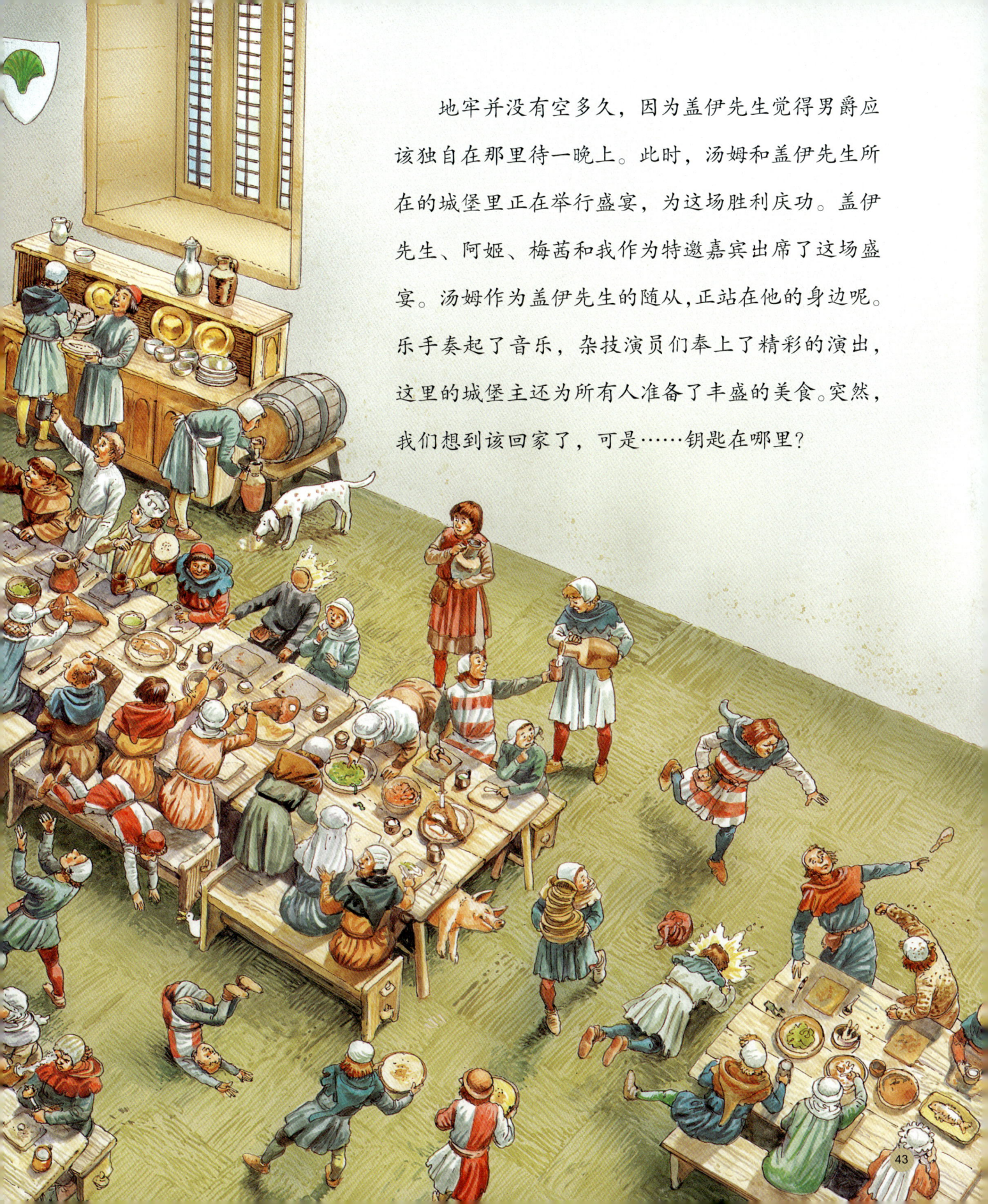

阿姬再一次帮了大忙！我们脱下盖伊先生的头盔后，阿姬发现地上有一把钥匙，于是便把它捡起来保存好。这简直太幸运了！我和梅茜如释重负！我们刚才还在为以为自己可能永远要待在城堡里了而觉得可怕。虽然与汤姆和阿姬在一起也非常开心，但是我们想回家了。如果我们告诉他们这座城堡700年后仍旧屹立不倒，他们一定不会相信。

我们溜出大厅，穿过庭院，来到了贮藏室。这里有一扇小门，我们打开门，与这座古老的城堡告别，便爬了进去。

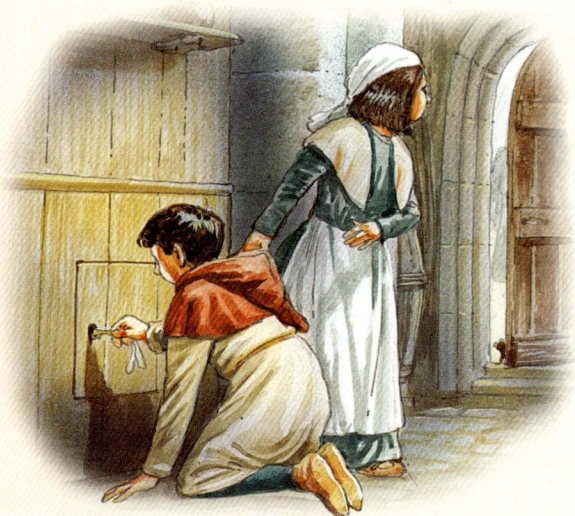

从我们开始历险到现在，似乎只过去了几秒钟。我们告诉爷爷刚刚的一切——城堡、比武、攻城，当然还有投石机。爷爷似乎对那位牛车车夫以及时光旅行者的报信格外感兴趣。这究竟是为什么呢？

城堡名人录

城堡是贵族和他的妻子以及家族的住所。城堡里的男女侍从由管家负责管理。侍从们主要服侍贵族们饮食生活和为他们跑腿。

贵族　夫人　侍女　内侍　贵族的子女

贵族的副指挥官主管防御城堡的军官。骑士宣誓效忠于贵族，他们与战士以及弓箭手并肩作战。每一位骑士配有一名侍卫，一般为新兵。传令官则负责传递资讯。

骑士　侍卫　传令官　军官　战士　弓箭手

管家负责城堡里的日常行政工作；财务主管负责收租和征税；司祭主持小教堂的宗教仪式，同时负责记账和惩罚；吟游乐师和小丑则为晚宴嘉宾表演节目。

管家　财务主管　小丑　乐师　司祭　训鹰者

厨师　干粗活的厨工　面包师　食客　司膳总管　酿酒师　装瓶工

军械师　铁匠　马夫　木匠　猎人　清洁工

食客用餐的时候，厨工则在厨房里帮忙。司膳总管负责供食、管理装瓶和酒窖；马夫则负责照看马匹；清洁工则负责打扫厕所。

版权登记号：01-2018-8830

图书在版编目（CIP）数据

解救黑暗城堡 /（英）尼古拉斯·哈里斯著；（英）皮特·丹尼斯绘；张昊媛译. -- 北京：现代出版社，2019.10
（时间的钥匙）
ISBN 978-7-5143-8070-5

Ⅰ.①解… Ⅱ.①尼… ②皮… ③张… Ⅲ.①儿童故事—图画故事—英国—现代 Ⅳ.① I561.85

中国版本图书馆 CIP 数据核字（2019）第 175312 号

时间的钥匙：解救黑暗城堡

作　者	[英]尼古拉斯·哈里斯	网　址	www.1980xd.com
绘　者	[英]皮特·丹尼斯	电子邮箱	xiandai@vip.sina.com
译　者	张昊媛	印　刷	北京瑞禾彩色印刷有限公司
责任编辑	王 倩 崔雨薇	开　本	889mm×1194mm 1/16
封面设计	八 牛	字　数	50 千字
出版发行	现代出版社	印　张	3
通讯地址	北京市安定门外安华里 504 号	版　次	2019 年 10 月第 1 版 2019 年 10 月第 1 次印刷
邮政编码	100011	书　号	ISBN 978-7-5143-8070-5
电　话	010-64267325 64245264（传真）	定　价	150.00 元（全 6 册）

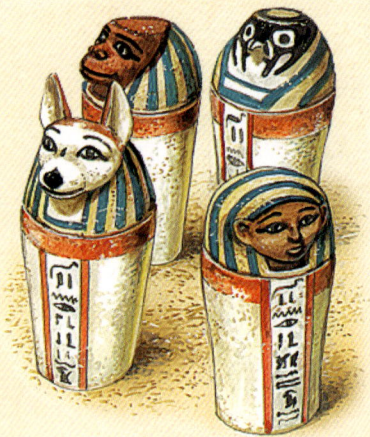

THE TIME KEY
时间的钥匙

【英】尼古拉斯·哈里斯 / 著 【英】皮特·丹尼斯 / 绘 张昊媛 / 译

探秘埃及金字塔

中国出版集团 现代出版社

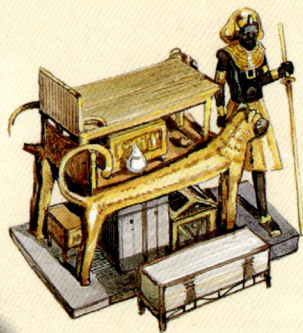

亲爱的小读者：

　　你是否能想象到一个位高权重的人想方设法地要抓你，使你身处险境呢？这简直是一场噩梦！

　　这场噩梦就发生在我们身上！但其实也没有那么可怕，或者换句话说，我们并不是时刻都在担惊受怕……因为我们在古埃及的所见所闻精彩刺激、与众不同，压根儿顾不上害怕了！

　　没错，是古埃及，我们穿越到了古埃及，这场旅行简直令人难以置信。你是不是有些不相信我们？当你读完了我们的日记，亲眼看到我们从那里捡回来的东西，我想你一定会改变主意的。或许你会有一种置身法老时代木乃伊坟墓里的感觉！

　　　　　　　　　　　　　　　乔西与梅茜

THE TIME KEY
时间的钥匙

探秘埃及金字塔

"看这里，梅茜！"乔西刚刚用卡纸搭了一座金字塔。最近，我们俩都对金字塔产生了浓厚的兴趣。爷爷说在他的书房里有很多书是讲述金字塔的，所以我们准备去书房看看。

我们看书时发生了一件奇怪的事情，有一本书从书架上跌落下来。你猜怎么样？这恰好是一本讲述古埃及的旧书！书中的一页松动了，从书里飘落下来。这页上有一位男士的照片。他并不是法老，是法老身边一位较为亲密的大臣。书上说他其实是一个恶棍，密谋盗窃了法老的坟墓！

盗墓

近日，一个大胆的阴谋被发现，坏人的目标是盗取古埃及第十八王朝（约公元前 1575 年—前 1308 年）法老墓穴的财宝。在把法老的墓穴封上后，一些人当场被法老的卫兵捕获，据说这些人都参与了葬礼。在古埃及，这样的盗墓贼并非罕见。工人们非常清楚墓穴里埋葬着黄金、珠宝、护身符、家具乃至极其贵重的手工艺品。使这件事情变得不同寻常的是竟然有政府高官参与谋划盗墓，而且这位官员是古埃及两位重要大臣中的一位。从纸莎文契中记录的很多工人供词的细节看，一位高官的确卷入了这次盗墓。然而，无人知晓密谋盗墓的风声是如何走漏，最终导致大臣被抓捕的。

古埃及第十八王朝的一位重臣，他被指控密谋偷盗法老的坟墓。

73

书中有很多从各方面介绍木乃伊的内容，读起来令人感到非常惊悚。当我们正在读书时，突然感觉从书架后面传来人们说话的喧闹声和一些奇珍怪兽的吼叫声。嗯……好奇怪！我们从原来放书的缝隙处向里窥探，在书架后面发现了一扇小门。我们从书架上搬下更多的书，看到门锁上有一把钥匙。我伸手打开锁，听到了更加嘈杂的声音。我们从小门爬过去，想看一看究竟发生了什么……

"嘿，梅茜，看看你自己！""乔西，你的衣服哪里去啦？"我们看着彼此的"新装"，"咯咯"地笑了起来。人们的聊天声和动物的吼叫声离我们越来越近了。这究竟是哪里？

这真是一个神奇的地方！我们来到了一座大礼堂，四周都是巨型立柱。礼堂里挤满了人，人们手里都拿着东西，有些人甚至还牵着野生动物，原来嘈杂的噪声是从这里发出来的。他们的声音在房间里有回音，混杂着野兽的吼叫声和牲畜的哼哼声。我们在书房里听到的正是这样的声音。究竟发生了什么？这里的人们穿着奇装异服，墙上画着壁画……我们一定是来到了古埃及！

古埃及

在古代，尼罗河养育了埃及人。岸边土地肥沃、水量充足，非常适合耕种和养牛。无论是渔民、捕鸟的猎人，还是农夫，都非常依赖尼罗河畔丰富的野生动植物。纸莎草是一种生长在尼罗河畔沼泽地里的植物，高大、直立，就像芦苇一样。它用处很多——造船，制作草席、炊具以及造纸。每年的七月和十一月是尼罗河的汛期，河水没过肥沃的土地，淤积在岸边。水渠疏导了洪水，用它来灌溉土地。

尼罗河

牛

捕鱼

粮仓

簸糠皮

打谷场

在 5000 年前，埃及由几个独立的王国组成，后来这些王国都由一个国王统治，这个国王就是法老。在随后的 3000 年中，埃及一直由法老统治。古王国时期大约始于公元前 2600 年，这个时期修建了大量的金字塔。随后进入中王国时期（约公元前 2040 年—前 1786 年）。而新王国时期（约公元前 1575 年—前 1085 年）兴建了大量的寺庙、帝王谷，这是图坦卡蒙和拉美西斯二世这样有权势的法老们的统治时期。

猎鸟

鹅

收割小麦

扛运小麦捆

灌溉水渠

长笛演奏者

好可怕！我们躲在了一根立柱的后面。我们是怎么来到这里的呢？如果我们被人发现了该怎么办呢？嘿，也说不定我们能看到真正的金字塔呢！正在这时，一个男孩儿和一个女孩儿从柱子的另一边探过头来，看起来他们的年龄比我们稍微大一些。他们非常友好，面带微笑，对我们表示欢迎。"嘿！"男孩儿跟我们打招呼，"我叫霍特普，这是我的

妹妹金姆。今天宫殿里要举行重要的仪式，但是我们这些小孩儿不感兴趣。我们现在需要找点乐子，你们愿意同我们一起玩吗？"天哪！我们居然能听懂他们说的话，他们也能听懂我们的，这简直是太神奇了！他们带我们参观了一处大型的建筑群，而且还邀请我们和他们一起上课。

我们通常都不太喜欢上课，但是这一次课真的很有趣！我们围坐在老师周围，我和梅茜紧挨着霍特普和金姆，坐在由芦苇编织的垫子上。每个人都有各自的笔、调色板和墨水。我们的课程是学写象形文字，这是一种非常漂亮的古埃及文字体系。老师告诉我们，学习这种文字是为了记下国王生活中的大事件以及他们的丰功伟绩。这些文字会被镌刻在纪念碑和墓碑上。除此之外，我们还学习了一种更常见的手写文字供日常书写使用。

随后，一位看起来很重要的人物向霍特普走去，并且非常正式地鞠了一躬。我们听到那个人的嘴里念叨着"陛下"。我们方才恍然大悟，原来我们的新朋友正是法老，也就是埃及的国王。

A (ah) 秃鹫	A (ar) 前臂	B 足	CH (ich) 动物的腹部	D 手	DJ (church) 拴东西的绳子	F 角蝰
G 酒罐的底座	H 扭动的麻绳	H 院落、居住之所	I 芦苇	J 蛇	K 篮子	KH (loch) 广口瓶盖
M 猫头鹰	N 水	N 红冠	P 垫子	Q 山地斜坡	R 嘴巴	S 折叠的布匹
SH 水池	T 长面包	W or OO 家禽	Y 两根芦苇	S or Z 门栓	WA 套索	ANKH 凉鞋带
KHAST 山	HTP 圣坛	NEB 篮子	RA 太阳	KA 举起的双臂	KHPR 金龟子	MN 游戏板 / 棋盘游戏

圣书字

古埃及人使用圣书字体系镌刻纪念碑和墓碑的碑文。此外，还有一种简化的文字体系用于日常书写，人们称之为"碑铭体"。圣书字通常是人、动物和物件的画面，但是大部分文字代表声音，这样的文字有 700 多个。上面的图表为我们展示了圣书字代表的更简单的声音，就像英文字母表中的字母。在众多词语中也有少数代表一个词的一部分。

DEPET 船	MUT 母亲
NEFER 好	BIN 坏
KEY 问候	DJESEM 狗

古埃及的众神

在古埃及，人们认为有许多不同的男神和女神在掌控着他们生活的方方面面。有些神掌控大自然，比如每年尼罗河的洪水泛滥；而另一些神则负责保护身处险境的人们，比如女性生育或者士兵打仗。国家之神通常都供奉在主要城市中最大的寺庙中，地区之神则仅仅供奉在特定的城镇和地区。

拉
太阳神

赛特
风暴、混乱、邪恶、
黑暗、战争之神

阿蒙
众神之王，法老之父

阿努比斯
对木乃伊进行防腐处理的神

贝斯特
太阳和战争之女神

哈托尔
爱、音乐、美与欢乐之女神

荷鲁斯
天空和法老永生之神

伊西斯
女性、母亲和儿童之女神

努特
天空之女神

盖布
大地之神

奥西里斯
死亡之神

普塔
艺术家、工匠和创造之神

法老的墓室

　　"几天前我们的父亲去世了，"金姆说道，"霍特普继承了王位。之前你们看到的那些人是从王国的四面八方赶过来，为了向他敬献礼物。"霍特普看起来很伤心，随即他强颜欢笑地对我们说："我带你们去看一看我们祖先的安葬之处，怎么样？"

看那儿！金字塔！它们离我们并不远，就在沙漠高处的边缘区域。"我们祖先的坟墓就在那里，"霍特普告诉我们，"但是距今有1000多年了。现在我们已经不再把国王埋葬在那里了。我父亲就安葬在离底比斯不远的山谷里。"眼前的金字塔比我们想象的还要大很多。我们在那里驻足观望，目瞪口呆。

霍特普和金姆给我们讲了古埃及的法老们是如何建造金字塔的。他们死了之后，棺木就放在里面，此外还有陪葬的财宝供法老们来世使用，不过总是会有很多盗墓贼前来盗取财宝。相对来说，在山谷里埋葬尸骨更加安全。我和梅茜告诉他们，在未来的岁月里，金字塔将会矗立在那里超过3000年，不过，霍特普和金姆听后都哈哈大笑起来。

如何建造金字塔

建造一座金字塔，工人们需要用滚木把巨型石块拖拽到指定的地方。随着金字塔慢慢盖起来，要在它的旁边堆砌起一个斜坡，以便把砖石拖拽到更高的地方。斜坡是由碎石堆砌而成的，坡上铺着木制的横梁，上面覆盖着潮湿的泥土，这使得石块在斜坡上移动起来更省力。

每块巨型砖石的落位都超级精准。所有的砖石都被摆放到合适的位置上后，金字塔的侧面看起来就像巨型台阶了。最外层的石头有细密的纹理，这是白色的石灰岩砖石。砖石与砖石紧密地黏合在一起，即使是一把刀片都很难塞进缝隙里。

最外层的石头都是经过精心雕琢过的，有四个光滑的斜面。随后，把它们磨光，着以红色。顶石是一个迷你金字塔，覆盖着金色涂料。

堆砌墙面的碎石

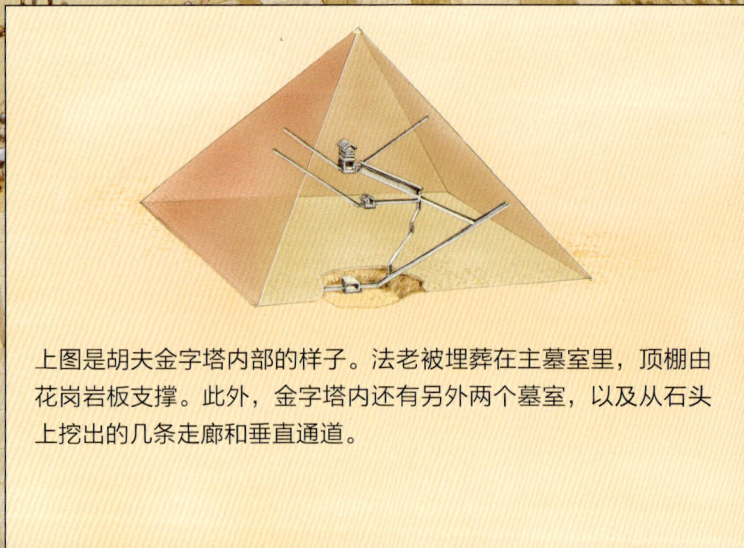

上图是胡夫金字塔内部的样子。法老被埋葬在主墓室里，顶棚由花岗岩板支撑。此外，金字塔内还有另外两个墓室，以及从石头上挖出的几条走廊和垂直通道。

将砖石归位

斜坡

杠杆式拉力滑车

在通道上泼水

牵引大块砖石

我们回到宫殿，霍特普和金姆带我们去看一个"特别神奇"的东西。房间昏暗，弥散着浓郁的香味。在一块木板上躺着一具被绷带缠绕着的尸体，旁边的一个人戴着可怕的动物面具。"一具木乃伊！"我激动地喊道。这时我突然意识到了这是谁，便把话咽了回去。

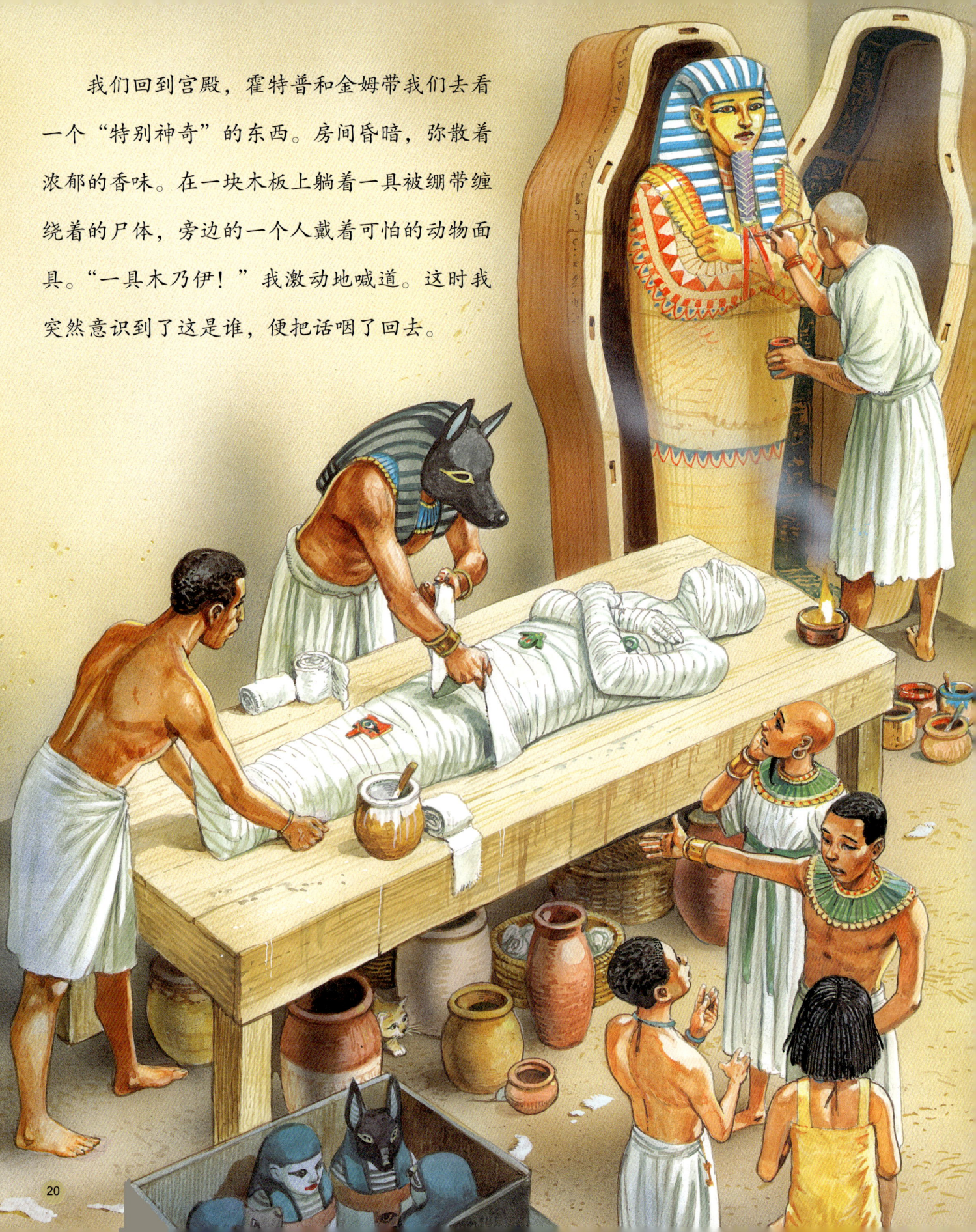

霍特普和金姆告诉我们他们制作木乃伊的过程，以及这些瓷罐和雕像都是做什么用的。出于好奇心，我伸出手去触摸了他们用来缠绕尸体的绷带，但是突然传来的一声尖叫把我吓住了。"你们在这里干什么？"我们扭过头去，看到一位男士正非常严肃地盯着我们。"严令禁止任何人闯入这间墓室！你们是怎么到这里来的？"

霍特普赶紧上前一步站到亮光下，那位男士立刻低头鞠躬。"没有关系的，内巴，他们是我的朋友。你可以离开这里了。"我们看到他低声抱怨着，很生气地扬长而去。乔西和我对视了片刻。"那个家伙不是书中那张照片上的坏蛋吗？"乔西低语道，"没错，我想是的。看他脖子上那条串着甲虫的项链！"

乔西赶紧告诉霍特普，我们无意中了解到内巴正密谋着盗墓。"不会的！"霍特普笑了起来，"内巴是我的朋友，是我最信任的大臣。在我父亲去世前，他一直为我父亲效劳。"

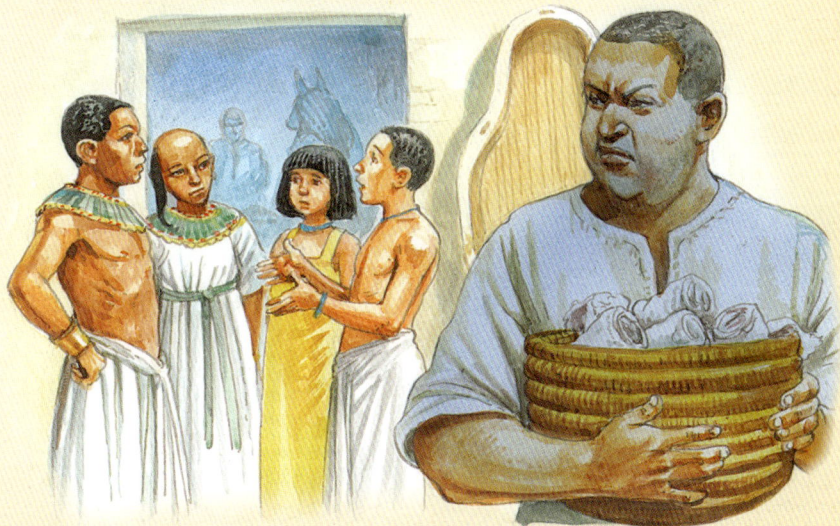

21

第二天，霍特普和金姆邀请我们跟他们一同去狩猎。他非常希望能够远离那座令他感到忧伤的宫殿。"狮子？"乔西突然大声叫起来，"哇！"霍特普和我们讲起法老非常喜欢乘着双轮马车去打猎。车轮撞击到石块，发出"咔嗒咔嗒"的声音。"抓紧！"霍特普冲着乔西喊道。这时，我发现我们遇到麻烦了！双轮马车开始剧烈摇晃起来，一个轮子被马车甩掉，我们跌落在地上。"救命！"霍特普的卫兵迅速冲出来，试图制服狮子。

亲爱的朋友们，请当心，你们正身处险境！

我想你们一定知道某些重要的事情。一些坏人正不惜一切代价确保他们的秘密计划不被发现。

你们一定要寻找到那位大臣偷盗墓室中的财宝的线索和证据，从而取得法老的信任。他还太年轻，并且无比信任他的大臣们。毕竟那些大臣都是他父亲委任的。

赶紧去帝王谷我到坟墓，越快越好。到了那里，你们就会看到那些盗贼们是怎样破坏墓室，盗取财宝的。

你们一定想问，我是怎么知道这些的呢？和你们一样，我也是穿越到古埃及来的。法老的父亲在去世前曾告诉我，他非常怀疑那位大臣。

祝你们好运！

我们还好，没有伤到筋骨，狮子也逃跑了。我们轻轻地掸去身上的灰尘，正准备搭乘霍特普和金姆的马车，突然发现地上的一块石头下面压着一张纸……

"乔西，那个大臣，就是那个混蛋，想要杀掉我们！"我说道，"他一定是发现我们知道他的秘密，想把我们铲除掉。"但是，霍特普似乎却不以为然，他告诉我们这仅仅是一个"偶然"，显然他非常信任内巴。我们问霍特普是否可以沿尼罗河而上，到帝王谷去看看。他告诉我们，他正准备派督查梅蒂去巡逻，确保在他父亲的葬礼上坟墓是完好无损的，所以我们可以和梅蒂一起出发。霍特普自己待在宫殿里，等一切准备就绪之后，他将乘坐一条长船，随他父亲的棺椁向南航行。

我们正巧有机会来揭露内巴的计划，来向霍特普证实他是一个大恶棍！我们登上一艘非常酷的帆船，向尼罗河的方向驶去。船上撑起了一片巨大的红帆，在船尾，有两只桨引领着船的航向。到达底比斯需要好几天时间。等我们到了之后，就跟随着梅蒂穿过狭窄的街道，来到了集市。

集市非常热闹，商人们为自己的货物叫卖着，招揽生意。不知什么时候，我们与梅蒂走散了。四周都是这些高大威猛、大声叫嚷的陌生人，我们感到有些焦虑。我们在人群中四处寻找着他，正在这时，有些人试图要抓住我们。"快跑！"乔西喊道。我们在街道上四处奔跑，但那些人紧追不舍。我们跳上了屋顶，才把他们甩掉，此时，我们才意识到自己已经身处险境……

古埃及地图

地中海

尼罗河三角洲

阿瓦里斯

布巴斯提斯

赫利奥波里斯

下埃及

红海

图拉

这里是法老的宫殿。孟斐斯是古埃及的第一个首府。

布西里斯

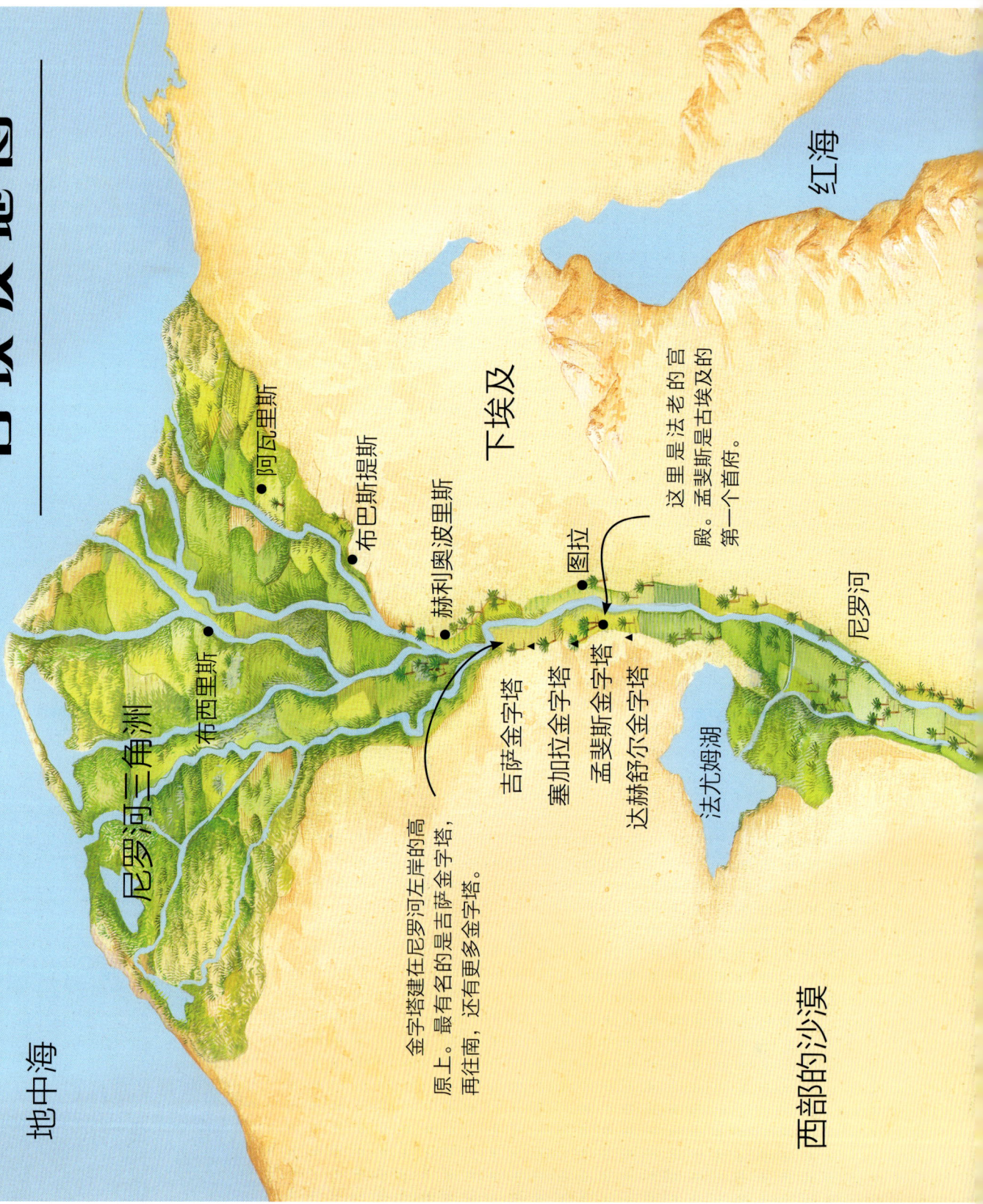

金字塔建在尼罗河左岸的高原上。最有名的是吉萨金字塔，再往南，还有更多金字塔。

吉萨金字塔

塞加拉金字塔

孟斐斯金字塔

达赫舒尔金字塔

法尤姆湖

尼罗河

西部的沙漠

N

东部沙漠

我们就是在这里的街道被人追击的。在上埃及，底比斯是一座非常重要的城市。阿蒙大庙也在这里。

底比斯

帝王谷

霍特普之前所说的"山谷"便是众所周知的"帝王谷"。在底比斯，河对岸的悬崖上有一处深谷，这是老老的法老安葬的地方，霍特普的父亲也安葬在这里。深谷边缘是被切割的岩石。

尼罗河

阿比多斯

阿玛纳

艾斯尤特

尼罗河河畔被绿色植被覆盖。离河稍微远一些的地带是沙漠——非常干燥，一片尘埃。

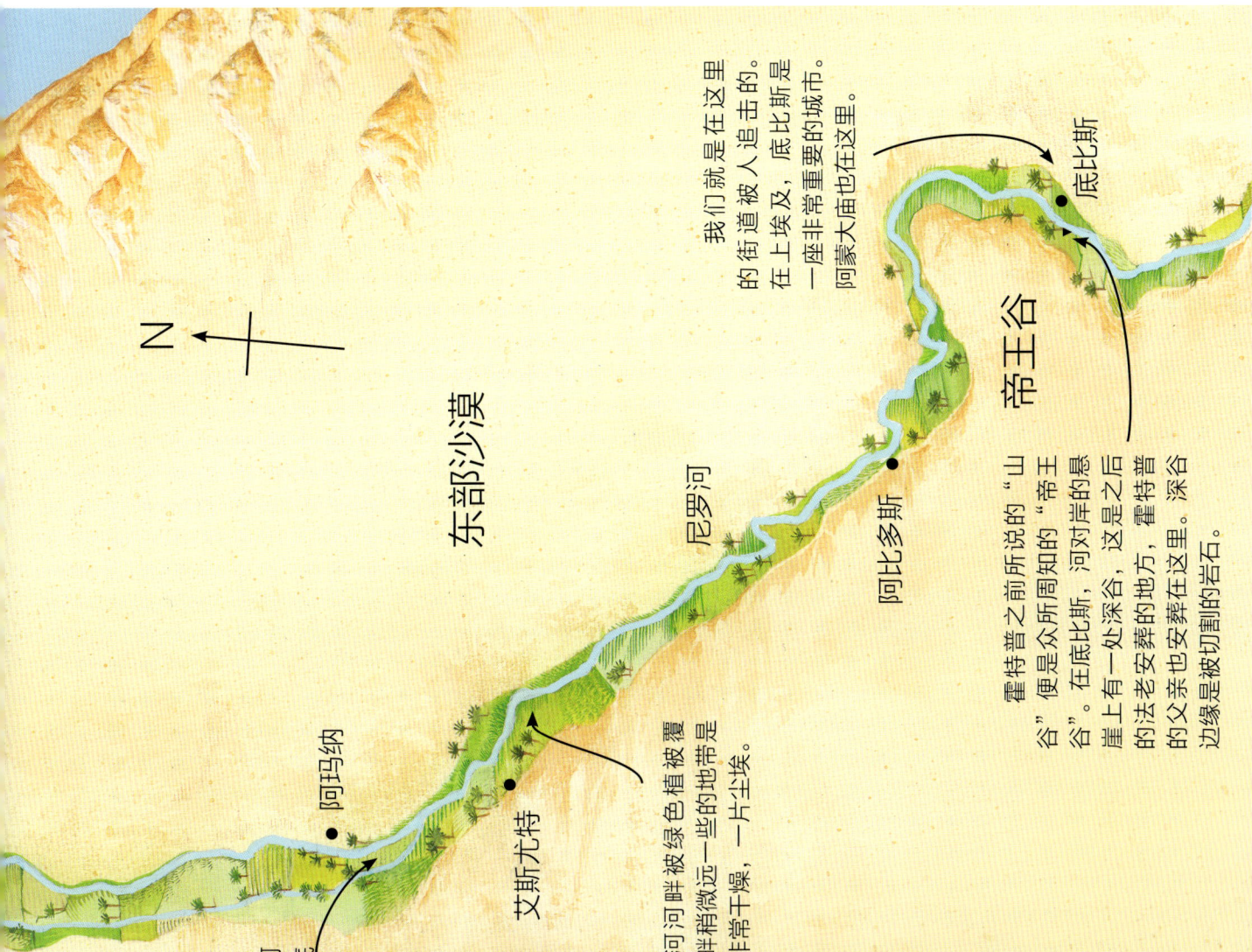

我们乘船沿尼罗河而上，从孟斐斯到底比斯。

上埃及

欧洲　亚洲

非洲

埃及

　　这里太可怕了，我们简直喘不上气来，我们终于发现了梅蒂。霍特普曾严令他，不得让我们离开他的视线，所以他对我们的失踪表现得非常生气。我们认为还是不要提起刚才发生的事情了。

　　帝王谷就在穿过尼罗河后的沙漠上，这里酷热难耐。梅蒂带我们来到岩石后面的入口，在门的后面，有一条台阶直通地下。哟，这里凉快多了！灯光下，画家在墙壁上作画。梅蒂向我们介绍，他们正在为已故法老的葬礼做最后的收尾工作。

我们跟着梅蒂走下一段台阶，这里更凉快。我们前方是闪烁的灯光，还能听到前方有人在工作。走入一间墓室，墙上布满了圣书字，正是我们上课时学写的那些字。在墓室里，有一个由石头堆砌的池子，看起来很像浴缸。

"这是一具石棺，"梅蒂说，"霍特普的父亲将被安葬在这里。"

工人们搬着箱子过来，将石棺里塞满了财宝。我发誓我看到这里的人们面露诡诈的神情……

我们正想向梅蒂询问葬礼的事情，他又不知去向了。不会再有什么危险吧？我心里感到非常不安。这是地下，离地面很远，四周的人们面目狰狞，乔西和我对视了片刻，撒腿就跑。但还是被两个人抓住了，他们把我们往台阶上拉。"救命！"我们尖叫着，但是这里并没有人能听到我俩的呼喊。他们一边嘟嘟囔囔，一边推搡着我们，把我们扔进了一个黑暗的大坑里。

　　幸运的是，坑里铺着一层厚厚的草席，我们跌落了下去，不敢动弹。我们听到那两个男人离开了墓室，说话声也渐行渐远。我摸了摸乔西的手，他仍在颤抖。

　　"乔西，你还好吗？"我悄声问他。

　　"还好，你呢？"乔西小声回答。

　　"我感到非常害怕。"我担心地说。

正在这时，我们看到头顶上有一束光在闪烁，便一跃而起。一张脸从大坑的边缘探出来，费力地俯视着我们。他是这里的工人，但是从他和善的面容中不难判断，他是前来营救我们的，他叫奥巴。

"等一下，我扔下去一根绳子。"他说道。我们终于从坑里爬出来了，奥巴悄悄地和我们说："这些工人们被大臣收买去偷盗法老墓室里的财宝了。你们看！"他指着一块松动的石头。

"这是一条通往秘密通道的入口。葬礼结束以后，就会把坟墓给封起来。半夜时，他们会返回这里，然后从这里爬进去，把财宝偷走。我们的处境都非常危险！如果他们发现我们知道了他们的计划，会把我们都杀掉的。"我们必须尽快把这些告诉霍特普和金姆。

"这几天你们都得躲起来，直到法老前来参加葬礼，"奥巴说道，"我将竭尽全力将你们带到寺庙去，让你们好去提醒法老。"

31

图坦卡蒙的坟墓

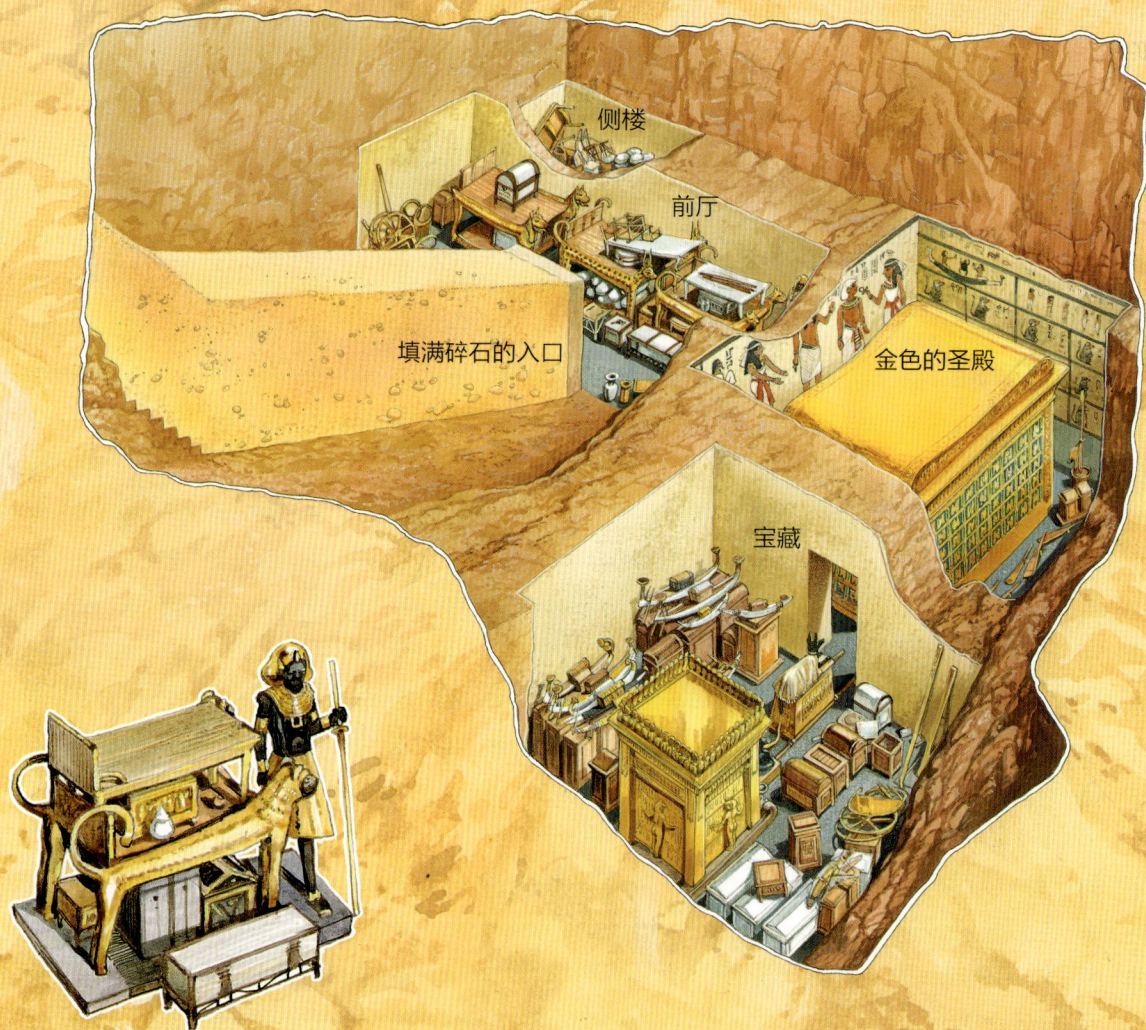

侧楼

前厅

填满碎石的入口

金色的圣殿

宝藏

　　法老图坦卡蒙去世时年仅19岁，他的棺椁就安放在一间由石棺围绕起来的圣殿中，这是一间非常理想的墓室。其他的墓室里塞满了供法老在来世使用的物品和财宝。

　　除了早先有两次盗墓贼闯入过墓室，图坦卡蒙的坟墓已经完好无损地保存了3000多年了，直到1922年，英国的埃及考古学者霍华德·卡特重新发现了它。这座坟墓里摆满了各种雕像、盒子、家具、珠宝以及其他珍贵的物品。

图坦卡蒙的棺椁

图坦卡蒙的棺椁是木制的，上面镀了一层金。棺椁根据法老身体的外形订制。图坦卡蒙展现出奥西里斯的形象，奥西里斯是古埃及地狱的冥神和鬼判。他手持曲柄手杖和连枷，象征王权。在这个棺椁里面，还有两层棺椁，一个装在另一个的里面。第二个棺椁也是由镀金的木头制成，镶嵌着宝石。第三个棺椁则由纯金制成。这个棺椁里面躺着图坦卡蒙的木乃伊，脸上戴着黄金面具，面具上雕刻着蛇神瓦吉特和秃鹫女神奈库贝特。瓦吉特是下埃及的守护神，而奈库贝特则守护着上埃及。

蛇神和秃鹫的雕饰

曲柄手杖

连枷

多亏奥巴的帮助，几天以后我们就回到了位于底比斯的阿蒙神庙。神庙非常宏伟壮观，壁画装饰着高高的立柱，走廊非常宽敞，但是我们没有时间驻足欣赏。我们必须抓紧时间，因为葬礼快要开始了。

我们看到了霍特普（他穿的葬礼服饰让人很容易认出他来），但是却几乎不可能跟他说得上话。作为新一任法老，他站在庄严的队伍中。尽管我们想方设法希望引起他的注意，但还是有一些祭司发现了我们。神庙是严令禁止平民进入的（当然现在的孩子们都可以前去参观了）。

祭司们将我们带到了一间小牢房里，把我们俩捆在了一起。我们敢肯定，待会儿他们一定会来收拾我们。

"梅茜，我们现在该怎么办？"乔西问道。

"不知道，但是霍特普知道我们在这里，一定不会让他们伤害我们的。"我敢肯定这一点。

正在这时，小牢房的门"嘎吱"一声打开了。我感到非常害怕，我想一定是他们来惩罚我们了。但进来的人竟然是金姆！她把捆绑我们的绳子解开，我们把事情一五一十地讲给她听。"咱们走！"她说道，"一分钟也不能耽误！"

神庙

牌楼门

主庭院

旗子

大门

方尖碑

公羊头狮身雕塑，是阿蒙神庙的
标志。这些神秘的怪兽雕像蹲坐
在大道两侧，直通神庙入口。

神庙位于底比斯。由上埃及开采的砂岩建造而成，它是埃及最大的一座神庙，用来祭奉埃及最重要的神灵阿蒙。神庙是举办重大的节日庆典和祭司活动用的，公共区域也时常用来做市集，人们在这里可以交易兽皮、黄金和象牙等。

阿蒙神殿

多柱厅

圣湖

主庭院由多根立柱支撑屋顶，只有祭司和法老才可以进入。这是一座巨大的建筑，立柱上绘制的图案看起来像芦苇丛。内殿由圣殿和金色雕塑构成。在这里，祭司每日都要主持献祭。

我们跑回帝王谷，队伍正在顺利地往前行进。我们看到了人群，听到了哀悼者的哭泣，追赶上队伍并不是什么难事。金姆指着霍特普，他正端坐在王室座椅上，由几位侍卫抬着往前走。他的前方是一个金色的箱子，在太阳下熠熠生辉。金姆告诉我们，箱子里装着葬礼上要使用的器具。在霍特普身后，几头牛正拉着一辆船形牛车，车上放着他父亲的棺椁，其他的侍从抬着宝藏。在众人注视下，已故国王的送葬队伍缓慢向前行进。

一会儿的工夫，队伍就到达了坟墓的入口处。

现在举行"开口仪式"。

我们蹲在一块岩石的后面，只见霍特普触摸了他父亲的面具，在来世，先王可以呼吸、进食、说话。

　　我们在岩石后面藏着，直到他们把已故法老的棺椁埋入坟墓，等霍特普和祭司都走了之后才出来。现在谷里似乎只有我们几个人。突然，在我们不远处传来了敲击岩石的"砰砰"声。我们翻过岩石，看到几个工人手拿木槌和斧头正进行挖掘。他们已经在悬崖底下凿开了一扇门，正在清理周围的碎石。想到在墓穴里亲身经历的事情，我们立刻屏住呼吸。

　　这里一定是奥巴和我们提到的那个秘密通道。这帮盗贼已经开始盗墓了，我们必须马上告诉霍特普！

　　我们回到底比斯，找到霍特普。他很冷静地倾听，然后把头转向他的妹妹。"霍特普，这是真的。我也亲眼看到了这些盗墓的家伙。"金姆点点头说道。

霍特普的脸立刻变得阴沉起来。突然间，我意识到，他不再是我们熟悉的那个逍遥自在的大男孩儿，而是一位强大的国王。他立马召集卫兵，和我们一同返回帝王谷，直奔他父亲的坟墓。

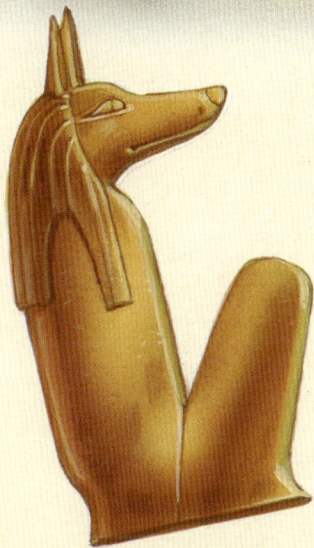

我们冲了进去，那些盗贼正要撬开石棺。

"抓住他们！"霍特普喊道。士兵制服了受惊的盗贼。霍特普紧紧地拥抱着我俩，说："你们帮我挽回了局面！"他送给我们两个护身符表示感谢。

霍特普仍旧不愿意相信是内巴谋划的盗墓。"工人们容易被巨大的财富诱惑。"他说道。

但是后来盗墓贼们向士兵坦白，正是大臣内巴收买了他们，他们奉命把偷盗来的财宝交给他。霍特普听后十分失望，下令逮捕了内巴。而梅蒂则被委任为新的大臣。

我们回到宫殿，这几天真的发生太多事了！霍特普也终于回过神来。是时候聚在一起庆贺一番了。

首先，我们在洒了香料的盆子里洗洗手。随后我们一边就餐，一边欣赏乐手和杂技演员的表演。金姆和霍特普为我们这两位特殊的客人戴上了美丽的花环。

真是太有趣了！侍从们还把散发着香气的圆锥形香膏放在客人们的头上。随着温度越来越高，香膏慢慢熔化了，滴落在大家的假发上！

乔西和我打算跟霍特普和金姆打个招呼就回家了。此时，我们才意识到，那扇时间之门的钥匙不知哪里去了！

难道我们要永远被困在古埃及吗？尽管霍特普和金姆表示他们非常欢迎我们住在宫殿里，但是我们还是非常非常想回家。正在这时，一位看起来很眼熟的男士走到我们面前。

是奥巴！他立功后，在宫殿里有了一份新的工作。"我在坟墓的大坑下面发现了这个，但是不知道它是干什么用的。这是护身符吗？"他问我们。"哇哦，太好了！"我们尖叫起来，太谢谢奥巴了。于是我们打算尽快溜走，省得霍特普和金姆坚持挽留我们再住一段时间。

我们找到那扇门，用钥匙把它打开，转瞬间，衣服又变成了我们自己的衣服，我们站在了爷爷的书房里。似乎我们仅离开了几秒钟！爷爷听了我们的故事，感到非常惊讶，似乎并不相信所发生的一切……

版权登记号：01-2018-8833

图书在版编目（CIP）数据

探秘埃及金字塔 /（英）尼古拉斯·哈里斯著；（英）皮特·丹尼斯绘；张昊媛译 . -- 北京：现代出版社，2019.10
（时间的钥匙）
ISBN 978-7-5143-8070-5

Ⅰ. ①探… Ⅱ. ①尼… ②皮… ③张… Ⅲ. ①儿童故事—图画故事—英国—现代 Ⅳ. ① I561.85

中国版本图书馆 CIP 数据核字（2019）第 175625 号

时间的钥匙：探秘埃及金字塔

作　　者	［英］尼古拉斯·哈里斯	网　　址	www.1980xd.com
绘　　者	［英］皮特·丹尼斯	电子邮箱	xiandai@vip.sina.com
译　　者	张昊媛	印　　刷	北京瑞禾彩色印刷有限公司
责任编辑	王　倩　崔雨薇	开　　本	889mm×1194mm 1/16
封面设计	八　牛	字　　数	50 千字
出版发行	现代出版社	印　　张	3
通讯地址	北京市安定门外安华里 504 号	版　　次	2019 年 10 月第 1 版　2019 年 10 月第 1 次印刷
邮政编码	100011	书　　号	ISBN 978-7-5143-8070-5
电　　话	010-64267325　64245264（传真）	定　　价	150.00 元（全 6 册）

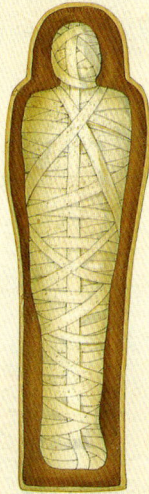

时间的钥匙

THE TIME KEY

【英】尼古拉斯·哈里斯 埃里卡·威廉姆斯 / 著 【英】皮特·丹尼斯 / 绘 张昊媛 / 译

亲临维京时代

中国出版集团 现代出版社

亲爱的小读者：

　　如果你被一只活生生的巨龙追赶会是什么感觉呢？听起来是不是非常可怕？好吧，这就是我们亲身经历的事情。当然，如果不是一次偶然的机会，我们穿越到一千多年前的维京时代，也不会相信世界上真的有龙这个物种存在。是的，正是维京人——高大、凶猛的家伙们，头戴尖顶头盔，手持战斧，乘着狭长的战船，在战船上撑着条纹状的风帆，而盾牌就在战船的两侧。事实上，大部分维京人都非常友好，只是我们都很害怕一种能口吐火焰并且会飞的怪兽，它们还长着巨大的牙齿！

　　所以我们打算把在这里发生的事情都写下来，把所有我们发现的那些冰冷的东西记在日记中。读完我们的日记，你们会相信我们没有撒谎。这场探险简直是太刺激了，你们会了解到那些真正的维京人是什么样的！

乔西与梅茜

THE TIME KEY

时间的钥匙

亲临维京时代

"乔西，这个看起来非常壮观！"一个周六的午后，下着雨，我和妹妹梅茜待在爷爷的书房里。我花费了很长时间，做了一艘维京人使用的战船模型，并且雕刻了一个龙的头部。而梅茜正在读爷爷书架上的旧书。

自从在学校里学到关于维京人的知识之后，我们就对此非常感兴趣。我们发现维京人并不都是惨无人道的掠夺者，他们中间也有淳朴的农民以及术业有专攻的手艺人。

突然，有一本书从书架上跌落了下来。"咦，好奇怪！"梅茜说，"我并没有靠近那个书架。"掉下来的那本旧书讲述的是维京人的传奇故事。书中的一页掉了出来，这一页讲的是一则关于古老的维京人的故事——一条龙如何守卫宝藏。

一条爱财的巨龙

维京时代，人们都很害怕龙。故事里时常提到它。相传，龙渴望得到财产并非仅仅是贪婪，它还用来防身。龙的肚子和其他部位不同，并没有鳞的保护。龙发现躺在一堆金银财宝上时，一些硬币会粘在它们的肚子上，这样能起到防卫作用，它们以此来进行自我保护。据说有一条臭名昭著的龙格外喜欢银子，它从邻近的村庄偷来了很多银制品，并把它们藏了起来。许多人试图取回这些财宝，却不幸丧命，他们虽然看起来十分勇敢，但是难逃龙的"巨颌"。有一天，那条龙突然失踪了。据推测，它是被人杀害了。一些史学家指出，用来刺杀这条龙的剑一定着有非凡的能量，而刺杀它的人也格外幸运。

龙躺在自己收藏的宝藏上

113

6

我们刚读到那条龙如何恐吓附近的村民，一股冷风从书架的缝隙处刮了过来。怀着好奇心，我们又从书架上搬下来一些书，在书架的背面我们发现了一扇小木门。一把小钥匙把这扇门锁了起来。

我们转动了钥匙，轻轻地打开门。"啊！"我嚷起来，"一股农场的味道。嗨，快听，你听到什么声音了吗？像是猪在叫！"

"不要冒傻气，乔西。我们现在明明是在爷爷的书房里。先看看门后究竟是什么。你先去！"梅茜非常开心，悄悄地对我说。

我们从小木门钻了进去，来到了一间看起来像是牲畜房的地方。房间里异常昏暗，四处堆放着麦秆，散发着刺鼻的臭味，令人作呕。满地的牲畜，居然离我们那么近……"天哪！是谁在舔我的耳朵？"我喊道。一群鸡在我们脚下"咯咯"叫着。旁边还有一头猪，在它身边跟着一群小猪崽儿。我们究竟在哪里？

我们边走边环顾四周，来到了一处狭长的谷仓。这里弥漫着烟雾和做饭的味道，我们还听见了聊天声。有人住在这里！他们穿的很奇怪，正忙着在生火的炉子上做饭、提水、做面包，以及照看孩子们。每一堵墙边都摆放着长椅。"这里看起来非常像一间长屋，"梅茜低语，"一间维京时代的长屋。"

维京时代

维京人，人们也称他们为古代挪威人。他们居住在斯堪的纳维亚半岛附近（如今的丹麦、挪威和瑞典），以航海为生。

公元 750—1100 年间，他们非常具有威胁性，时常抢劫、掠夺沿海的城镇乃至整个欧洲的村庄。其中一个重要的原因是他们的人口迅速增长，导致农田匮乏，这迫使维京人开始掠夺、攻占新的土地。此外，许多年轻的维京武士认为通过抢夺也是一条获取财富和荣誉的捷径。

公元 8 世纪，维京人开始掠夺，并在不列颠群岛沿海地区定居下来。关于维京人掠夺的最早记录是公元 793 年，英格兰东北海岸林德斯法恩岛上的一座修道院被突袭。

维京人的城堡。土木结构的圆形堤岸保护着木结构建筑。

维京人精通造船、航海。他们的战船又称作长船，不仅豪华，而且速度很快，可以直接划到岸边。他们时常突袭教堂和修道院，盗取贵重物品和家畜。那些惊恐万分的受害者也没有得到任何怜悯。

随后，维京人成为被他们掠夺的土地上的殖民者。一些挪威的维京人从西方一路航行到达苏格兰、奥克尼、设得兰群岛、法罗群岛和爱尔兰。许多丹麦人在英格兰、荷兰和法国一个叫诺曼底的地区定居下来。而维京的航海者则继续远行，他们航行了数千公里，穿越了北大西洋，冰岛、格陵兰岛，这些地方先后成了他们的殖民地。他们甚至继续在北美洲沿海地区扩张自己的领地。

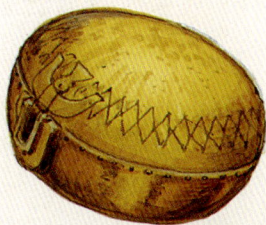
商人装秤用的铜盒子。

维京人不仅是可怕的勇士，而且还是杰出的商人。他们凭借着精湛的造船技艺，把贸易发展到遥远的地方。他们量身设计，建造用来装载重型货物的货船，装载如木材、牲畜和白银等货物。这种船船体坚固，可以在欧洲的河流之间快速航行，在暴风骤雨的大西洋上也能进行长途旅行。

维京人做皮草贸易，他们用这些来交换衣服、葡萄酒和陶器。他们航行至罗斯国（如今的俄罗斯）和中东地区，在那里用兽皮、蜂蜜、武器和琥珀换取白银、丝

如今，硬币代表一定的价值。但是在维京时代，商人们通常用随身携带的秤来称硬币的重量，以此换取商品。随后，人们会把硬币熔化，加工成首饰。

绸和香料。他们甚至向阿拉伯国家贩卖奴隶来换取白银。商人们用他们随身携带的秤来称量银币。不久后，从南部到东部，商人们交易商品的路线就变成了贸易市场，而这些市场也就成了他们的永久属地。这些与维京人通商的小镇开始繁荣兴旺起来。

一艘维京货船

我们来到一条街市，人们正热火朝天地叫卖着。一个看起来很面善的男孩儿走上前来，"我之前没有见过你们俩啊！嗨，我是埃里克。"我们低声嘀咕着我们是如何从家来到这里的。埃里克告诉我们，这里的村民生活很辛苦，他说："这里的每一个人都没日没夜地工作，他们拿银制品交易完商品之后便消失了。"

我们绘制了一张村庄的地图。图上标明了我们集会的地方。当然，还有主要的街区、港口、农田，以及人从丛林通往山洞的道路。

我们在村庄里四处走着，看到人们都在忙碌着各自的事情。有些女工在大型织布机上编织衣服，梅茜走向前去细细打量。其中一位女工给她展示了如何用木制的巨型织布机编织羊毛毯。在其他地方，工匠正在制作珠宝和饰品。

埃里克把我们从村庄带到田边。"我们生活的地方，农田不够供给每一个人。"他耸耸肩，继续说道，"因此有些人会出海远行，到其他地方去碰碰运气。"

一座维京人居住的小镇

在维京人居住的小镇里，几乎所有的房屋都是用木材建造的，屋顶覆盖着芦苇或茅草。铁匠铺则是例外，这里没有烟囱，只有入口处可使烟雾从壁炉边散去。一些更破旧的住所只有一间屋子，壁炉在屋子中间，没有窗户，室内昏暗，靠简易的煤油灯或蜡烛照明。

许多人的家里都有一台纺织机。锅碗都挂在壁炉上的架子上面。因为四处都是木头和茅草，所以这里随时都有失火的隐患。

有些人忙着鞣革、打铁、洗染衣服，还有一些人正忙着做饭——烘干、熏、腌食物，他们的食材大都来自周边的村庄，也会在集市上买一些。小镇上的人们没有太多的空间生产自己的食材，只有圈起来的小院子可以喂养一些猪和鸡。

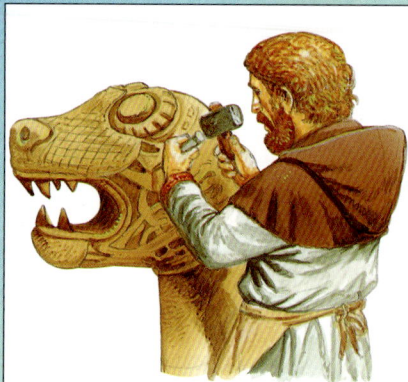

维京长船

码头

货船

港口

工匠正在为一艘船雕刻一个龙形的船首柱。

烘焙烤炉

织布机

悬挂的兽皮

劈柴

皮革加工

铁匠铺

井

会堂

集市

那天晚些时候，埃里克带着我们走到海港边。哇！一艘维京长船映入我们的眼帘，和我制作的那个模型一模一样！它停靠在港口边，船员们拎着大麻袋、储物箱和木桶上船。村民们在一旁围观，这让港口看起来有些喧闹。

"那是我叔叔弗罗迪，"埃里克指着一位看起来非常可怕的男士和我们说，"这些家伙看起来收获不小。"埃里克告诉我们，弗罗迪和他手下们的所作所为已不再仅仅是正常的贸易往来，他们穿越海峡，到其他毫无防备的城镇和村庄抢夺。"他们时常从教堂里偷盗宝藏，有时也掠夺动物，甚至是人，用来做奴隶。非常可怕！"

"弗罗迪！"突然听到一声深沉的怒吼。一位看起来很有身份的人走到埃里克面前，他气得浑身直哆嗦，说道："这是什么？在村庄里，我们诚实、公正地用物品交换银子，并与村子里达成协议，绝不从无辜百姓那里偷东西。"弗罗迪回以愤怒的眼神。"你们采用和平的方式固然很好，但是不能维持生计，"他继续咆哮道，"在海的那一边，每个人都有大量的金银财宝。我们的所作所为只是为了生存！"弗罗迪身边年轻的帮凶们小声嘟囔着表示赞同。说完，他们便扬长而去。

随后，埃里克把事情的原委告诉了我们。那位看起来非常有身份的男士是他的父亲哈拉尔德，是这个村庄的管理者。哈拉尔德和弗罗迪是同父异母的兄弟。自从他们的父亲去世之后，兄弟俩便没有停止过争吵。后来哈拉尔德当上了村长，但是弗罗迪认为自己才更适合这个位子。

埃里克把他的剑拿给我们看。"这就是尽人皆知的'屠龙剑'。它是传给村长的儿子或继承人的——也就是我！我对着这把剑发誓要保护我们的百姓免受侵害。"

那天晚上，我和梅茜发现弗罗迪和他的手下们动身去森林了。"他们看起来有些诡异，"梅茜说，"我们跟着他们。"弗罗迪抱着一个储物箱。早些时候，我们看到他们把它从船上卸了下来。我们躲在岩石后，看见他抱着箱子来到一个洞穴口。"你听到愤愤不满的声音了吗？"我低声和梅茜说。"是的，快看那边的烟雾！"她回答我。正在这时，我踩到了一个细小的树枝，发出了响声。跟着弗罗迪的两个男孩儿突然转过身来，开始追赶我们。我们不得不撒腿就跑！

"呀！他们快追到我们了！"幸运的是，我们比他们跑得更快，成功逃掉了。但是我们依然十分害怕，不敢告诉任何人我们的所见所闻，甚至也不敢让埃里克知道。

第二天，哈拉尔德召集村民们动工修建货船，而不是战船。他希望海盗掠夺和偷盗的事情不再发生，取而代之的是与海岸那边的人们诚实守信地进行贸易往来。

一些人去树林中伐木，我们也帮忙搬运木材。我们看到工人们用楔子和斧子把砍下的树木刨成所需的形状。随后他们用钉子和木栓把这些木料固定在一起形成龙骨，这便是整条船的支柱。

在哈拉尔德的悉心督导下，船体一点点地建好了。工人们会确保长方形木板（船员们称它们为"船底板"）相互重叠，严丝合缝，使得海水无法渗进船里。埃里克告诉我们，这种叠放的方法非常科学，可以使维京人的船只在海洋中远航。

此时是夏令时，这里不会真的有天黑，太阳逐渐从东边落下来，哈拉尔德告诉我们一天的工作到此结束。我们正在收拾工具，突然看到两个男孩儿绕着一艘船东张西望，鬼鬼祟祟的样子。哦，不会吧！这不正是弗罗迪的那两个手下吗？他们曾在树林里追赶我们，而我们躲了起来。我们很好奇，这会儿他们来这里干什么呢？

维京人的手艺

贵族们佩戴的胸针大部分是用金、银制成的。

维京人非常擅长手工艺。他们会与其他族裔交换用来做手工艺的各种材料，其中包括银、黑玉（一种黑色、质地坚硬的石头）、琥珀、玻璃，以及当地的木材。皮革工人、木匠、铁匠，以及其他手艺人制作他们的日常用品。他们用木头造船，雕刻盾牌和玩具；把成型的金属做成剑、工具、盔甲和珠宝。他们制作的东西不仅经久耐用，而且有漂亮精美的装饰。

维京人喜欢珠宝和装饰华丽的坠饰、手镯，以及贵重金属，尤其是白银雕制的胸针。无论男女都会在衣服上别上胸针。有钱人佩戴着由贵重金属雕饰的珠宝，没有那么富裕的人则佩戴着用较便宜的铜、锡铅合金或白银和其他材质混合而成的金属制成的首饰。用中间有孔的小玻璃珠穿成的项链也非常流行。

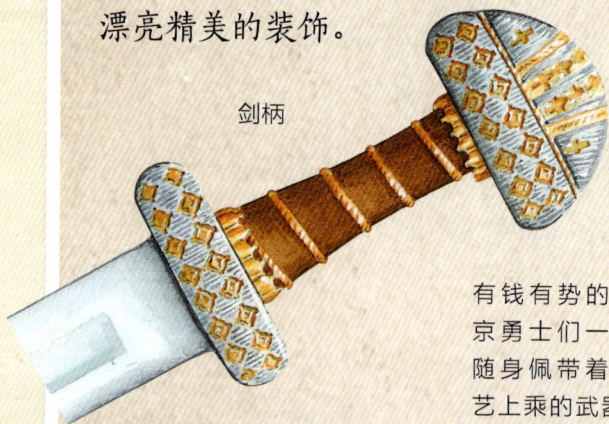

剑柄

有钱有势的维京勇士们一般随身佩带着工艺上乘的武器，比如镶银刀刃的战斧和剑柄做工精细的剑。

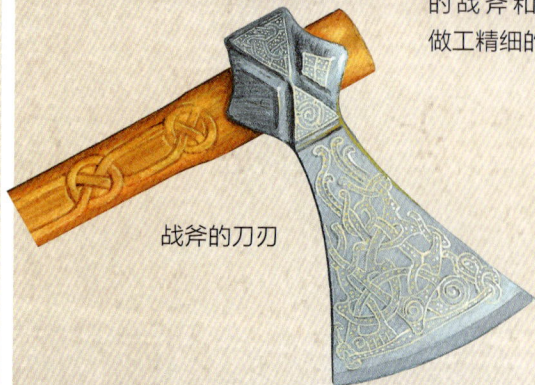

战斧的刀刃

胸针

中间有孔的玻璃珠项链

鹿角梳子

维京人非常在意自己的仪表，无论男女，都会描眉画眼，使用鹿角或骨头做的梳子梳头。

斗篷别针

维京水手乘着他们航行最快的战船进行掠夺。这种船的船身细长，船底是平的。这种船型不仅能让他们在狭长的水湾航行，还能在海滩上登陆——出其不意地掠夺，而后快速溜走。

这种船只都安装着风帆，但是也可以划动：有些船只装有 50 个桨。舵桨用皮革带子拴在船体上，当舵使用。舵柄依附在船上，舵手用它来掌舵。船两侧有置物架，与船体等长，架子上放着色彩鲜艳的盾牌。

维京人使用的书写体系称作"如尼"。如尼文字刻在石头上，这样比刻在木头或骨头上能留存得更久远。维京人用它来标记边界线，歌颂先祖在战争中的英勇事迹，或记录故事传说。维京人称这种长篇传说为"萨迦"。

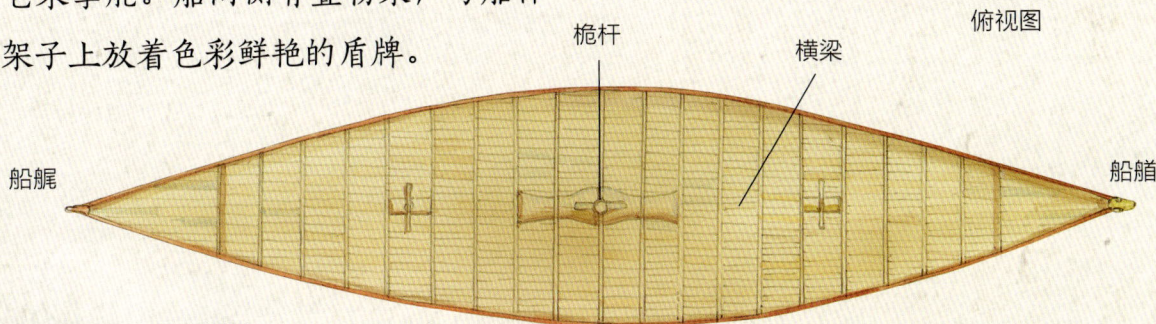

俯视图

桅杆　　　　横梁

船艉　　　　　　　　　　　　　　　　　　　　船艏

战船的船体底部由长方形木板重叠而成，我们称之为"船底板"，这是一种采用叠接式结构的建造方式。船体是对称的，由横梁和肋部承重。船底板塞满了烧焦的动物毛发，防止水渗入。

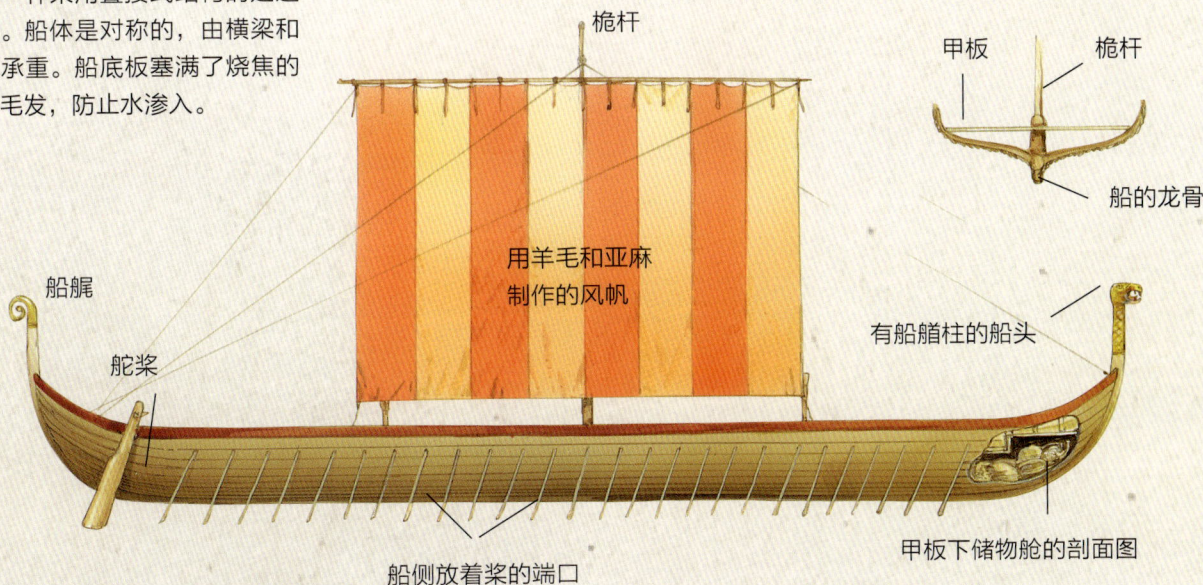

立面图（从船艏看）

桅杆

甲板　　　桅杆

船的龙骨

用羊毛和亚麻制作的风帆

船艉

舵桨

有船艏柱的船头

船侧放着桨的端口

甲板下储物舱的剖面图

最终，我们帮忙建造的货船满载货物，准备启航了。哈拉尔德问我们是否愿意与他们同行，我们再也按捺不住内心的喜悦，从嘴中蹦出"当然愿意"。船上有牛有猪，有皮革、兽皮和做饭用的皂石碗，还有这趟航行所需的供给物。此行我们希望用我们的物品交换到麦子、衣服和白银。白银还可以用来向国外的商人交易其他商品，也可以熔化了做成维京人最爱的珠宝首饰。

只听到一声号响，一些船员将我们的船拽入水中，我们启程了。但是我们怎么才能知道该去向何方呢？"这个简单，"埃里克说，"有太阳和星星为我们指引方向。"可是如果是多云天气呢？"呃……好吧……或许这些海豚能帮我们一把……"

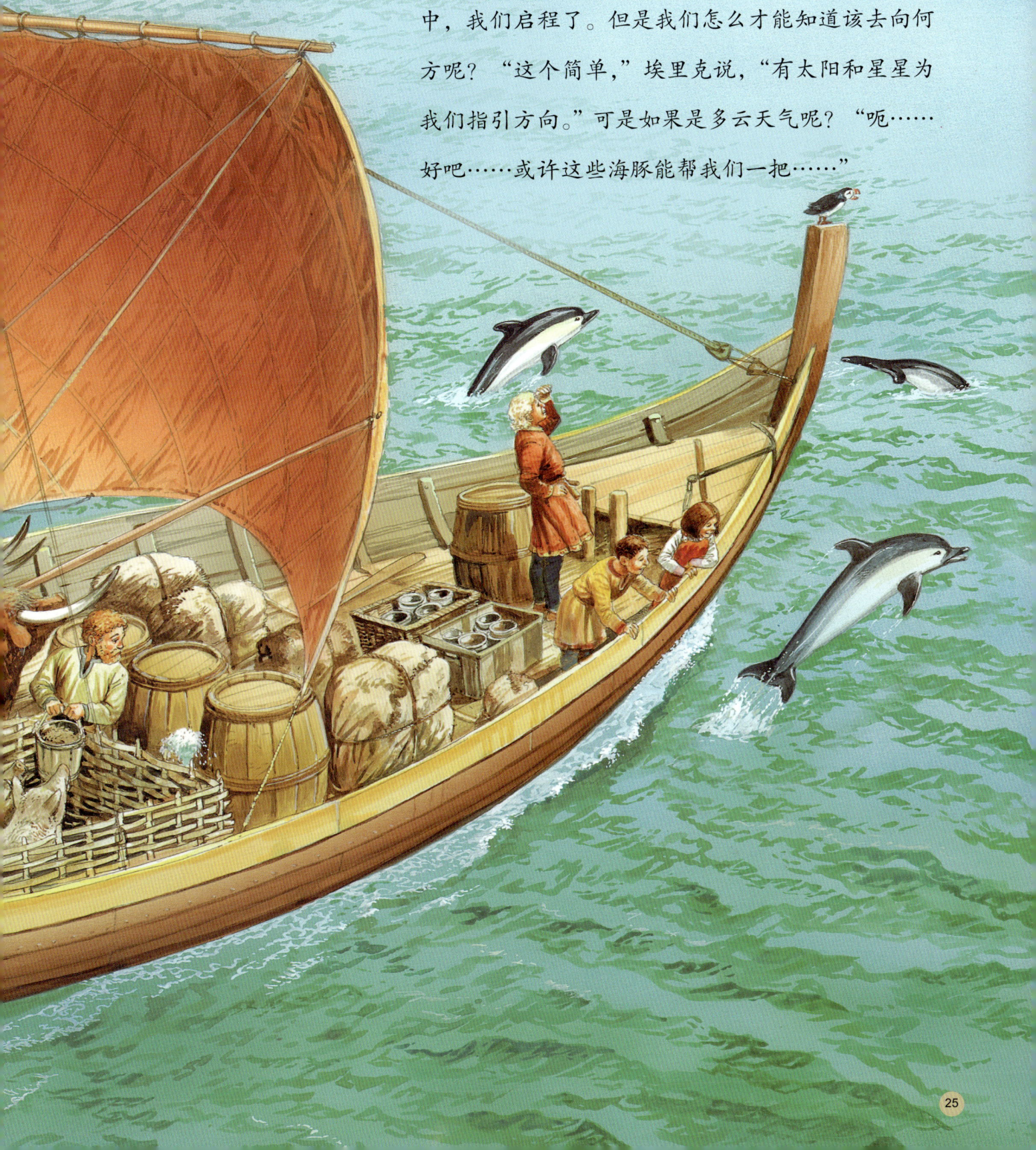

航海探索之旅

维京人设计的船只可以长途跋涉，既可以穿越海洋，也可以在低洼的浅水河流行驶。维京人的足迹遍布欧洲，他们甚至把贸易做到了更远的地方，或是到新地方定居下来。

860年前后，瑞典的维京人开启了他们的探险之旅。他们穿越波罗的海和沿途河流，途经伏尔加河抵达如今俄罗斯的西部、白俄罗斯和乌克兰地区。人们称这些地方的人为瓦兰吉亚人，其中来自罗斯国的瓦兰吉亚人发现了诺

一艘维京人的船只停靠在拉布拉多海岸。

夫哥罗德和基辅。

这些城镇便成了从波罗的海到里海之间贸易通道的主要站点。瓦兰吉亚商人还沿着第聂伯河而下，穿过黑海，到达拜占庭帝国首都伊斯坦布尔。他们甚至与中东地区的耶路撒冷、巴格达以及富饶的阿拉伯国家通商。

在纽芬兰，维京探险家遭到美洲原住民的侵袭，他们把维京人当成了斯克林斯人。

同时，一些冒险家开始向北大西洋行驶，有的在法罗群岛和冰岛定居下来。985年，红发埃里克在更往西的地方发现了一座很大的岛屿，他把那座岛

拉布拉多

纽芬兰

大西洋

维京人途经的海洋和河流

维京人定居的地方

屿命名为"格陵兰",希望以此能鼓舞更多人跟随他。

公元 1000 年,红发埃里克的儿子莱夫从格陵兰启程,继续向北美洲海岸探索。莱夫·埃里克松发现了巴芬岛和拉布拉多海岸。他成为第一个踏上北美土地的欧洲人。莱夫甚至在纽芬兰发现了一处定居地,他们称其为"文兰",但是仅过了几年,他们便放弃了那片土地。

维京人在纽芬兰发现了葡萄,能养鲑鱼的溪流和牧场。

北冰洋

巴芬湾

格陵兰

挪威海

冰岛

芬兰

法罗群岛

设德兰群岛

挪威

俄罗斯

瑞典

爱尔兰

北海

波罗的海

丹麦

伏尔加

英国

波兰

德国

第聂伯河

比斯开湾

法国

里海

黑海

西班牙

意大利

伊斯坦布尔

土耳其

伊朗

地中海

巴格达

船没有航行多远，我们就发现海水已经

没过了脚踝。船上的每一个人都拼命地把水往

船外舀，但是根本无济于事——船在下沉！"我们

必须得游泳了！"哈拉尔德大声喊道。

非常幸运的是，我们离海岸并不远，于

是我们跳下了船。一会儿工夫，动物和船上所

有的物品都被浸湿了。我们摇摇晃晃地往岸上走，哆哆

嗦嗦直发抖。我们向海面望去，看到这艘我们曾经参与

建造的大船渐渐被海水淹没。哪里出了问题呢？为什么

这艘船那么快就坏了？

虽然我们受了点惊吓，但毫发无损。不过却发生了更糟糕的事情！我们溜达回村庄，在路边发现一块大石头，上面刻着奇怪的标记。

"嘿，乔西，看这里，"梅茜喊道，"看起来很酷。"标记有许多螺旋的图形设计，看起来非常古老，像家乡教堂周围墓地上竖着的墓碑。但是有些标记则非常新，看起来像是刚刚手写的……

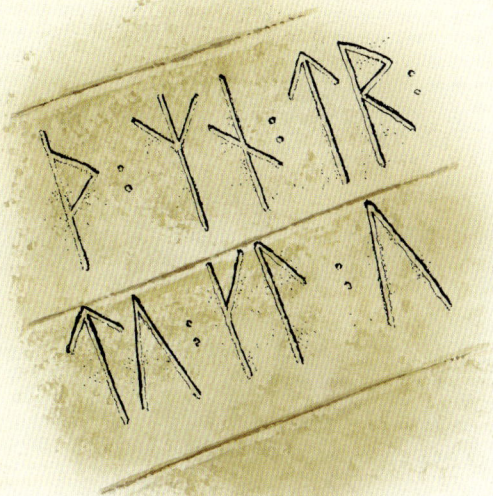

"这看起来像是在传递某种信息，"我说，"看一看我们能不能破解上面的内容。"这时我们之前学过的维京如尼文字知识派上了用场。"TH MN TRI TU KL U……"梅茜读出了声，"看起来没多大意义。"她说道。"或许是维京人的文字不常使用元音。再读一遍，这次加上元音试试。""THE MEN TRY TO KILL YOU."有人想杀掉你们！我们惊呼起来。

如尼文字由 16 个字母组成，构成了如尼字母音标表。除了前 6 个字母，其他字母里再没有出现元音 E 或者 O，也没有出现 D、G 或 P。而在口语中，挪威语的发音却有元音。

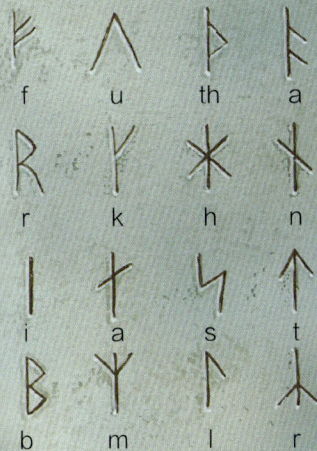

我们吓坏了，有些不知所措，只能飞奔着去找埃里克。我们告诉了埃里克看到的一切——弗罗迪和他的秘密，弥漫着浓烟的洞穴，以及造船时我们看到两个男孩儿在船边闲晃的事。"务必要把这些告诉我父亲。"埃里克表情严肃地说道。

哈拉尔德召开了会议，参加会议的都是村里上了岁数的老人。他告诉大家弗罗迪和他的同伙故意在他的船上凿洞，企图杀掉他。会议最终决定永久放逐弗罗迪。

当我们走回村庄，无意中听到银匠的茅舍中传来了说话的声音。"我这里没有白银了，"银匠说道，"我就要破产了。"另外一个头戴风帽的男人，用帽子遮住了脸。他的手指向小山坡，然后说："听着，我可以告诉你去哪里可以找到足够的白银……"我们听出来，那是弗罗迪的声音！

但是为什么弗罗迪要告诉银匠去小山坡寻找白银呢？他指的是那个洞穴吗？好奇心驱使我们跟着银匠穿越树林，眼看着他爬进了洞穴的入口。

"啊！"伴随着一声尖叫，那个银匠冲出了洞穴，手里紧握着一个银制高脚杯。随后，一个巨大的火舌从他身后喷了出来，差一点烧到他身上。"乔西……"我俩都有些害怕，"你还记得我们在爷爷的书中看到的那一页吗？"

是一条龙！我们撒腿就跑，但是这条巨型猛兽已经从它躲藏的地方爬了出来，只见它朝着村庄的方向，飞上天空，而后又俯冲下去。它咆哮着，向四面八方喷射着火焰。可怜的银匠一定是激怒了它。村民们都受到了惊吓，一边尖叫，一边四处逃窜。现场非常混乱！

北欧神话传说

戈尔弗和吉菲昂

瑞典国王戈尔弗在自己的王国微服私访，在路边碰到了一个老乞丐。乞丐很和善，让他坐在火边，还把自己的食物分给戈尔弗。戈尔弗则奖赏她用一天一夜的时间让四头牛耕种尽可能多的土地。乞丐表示了感谢，接受了这份奖励。她其实也是乔装的，并没有暴露自己的真实身份其实是女神吉菲昂。

她想，国王太愚蠢了，给穷人那么多奖励，因此她决定给他点教训。她让她的四个儿子，即四头巨牛帮助她挖走了国王领土上一块巨大的土地，并把它移到了海上，这就是现在丹麦的西兰岛。而瑞典国土上被挖走的土地留下的坑则变成了维纳恩湖。

瓦尔基里

瓦尔基里，即"引领英灵的死神"，为众神之父欧丁神效劳。其名代表着权力。她们骑在马背上驰骋战场，决定谁将死去。她们把最为骁勇善战的武士视为英雄。这些人死后将"住"在瓦尔哈拉殿堂，即阵亡英灵的殿堂。在那里她们也是欧丁神的宾客，每晚可以与英灵们一起用餐。

巴德尔之死

当巴德尔开始做关于死亡的梦时，他的母亲弗丽嘉感到非常担心。因此她跑遍世界各地，请求万物发下誓言不可伤害巴德尔。所有的事物皆发了誓，唯独一棵槲寄生因为太弱小了，没有发誓。

洛基是火的化身，平时他就非常嫉妒巴德尔。有一天，他变成老妪探问弗丽嘉，得知唯有槲寄生没有发誓的事。于是，洛基用槲寄生枝条做了一支箭，交给巴德尔失明的弟弟霍德尔，劝说他用这支箭刺向巴德尔的心脏，巴德尔因此死去了。

巴德尔，即光明之神。

光明之神死后，世界陷入黑暗，众神非常悲伤。他们将巴德尔的尸体和其他陪葬品一起放入船中，由女巨人希尔罗金将船推入海里。

但弗丽嘉不愿放弃希望，她请托赫尔莫德前往死亡之国。但是，死亡之国的女王海拉开出了条件——只有全世界都为巴德尔哭泣，才能让巴德尔复活。于是，万物都哭泣了，相传这眼泪就是早晨的露水。但唯独一个住在地底的女巨人不肯为巴德尔哭泣，所以巴德尔只能继续留在死亡之国。据说，这个女巨人其实是洛基为了阻挠巴德尔复活而伪装的。

随着一声怒吼，那条龙突然消失了。我们跑去找埃里克和哈拉尔德。梅茜告诉了他们我们之前听到的内容。

"或许是弗罗迪让那个男人去龙那里偷财宝，"她说道，"因此激怒了那条龙，导致它侵袭了整个村庄。弗罗迪把那些财宝都给了那条龙，所以只有他能够使龙恢复平静。如果村民们看到只有弗罗迪不怕那条龙，就会推举他为村长。"

"好吧，让我们走着瞧。"哈拉尔德说。

我们径直走向了村里的铁匠铺。哈拉尔德命令铁匠打制一把坚固、锋利的剑，将那条龙杀死。铁匠立马把炽热的金属敲打成型。剑制好了之后，哈拉尔德把剑高高地举过头顶，准备去战斗。他向诸神祈祷，请求诸神保护他，给他力量，完成保护村民的使命。

"孩子们，告诉我那个洞穴在哪里。"哈拉尔德手持盾和剑，跟随我们来到了树林边。在一条通往洞穴的山坡上，哈拉尔德命令我们留在这里。"对你们来说，再往前走会非常危险。我必须自己上山与龙搏斗。"

但是我们怎么可能错过目睹一名真正的英雄与龙搏斗的场面呢？所以我们悄悄地跟在他身后，与他保持一定的距离。

武器

一位贵族维京勇士（下图）戴着铁制的头盔，身披束腰的锁子铠。只见他手持长矛和盾牌，剑插在剑鞘里，别在腰间。只有特别重要的勇士佩戴铁制的头盔，以便眼的四周和鼻子都能得到保护。

通过头盔上的装饰物可以看出这位勇士是否富有。穷一些的勇士佩戴的头盔是用皮革制成的。他们佩戴着大型的剑。

锁子铠价格不菲，只有贵族勇士可

维京人的剑是由铁棒磨制而成。锋利的刀刃是经过加热、碾轧、敲打、锤击而成。

以穿得起。它是用数以千计连在一起的铁环手工制成，用来抵御剑和矛。

盾牌是用厚厚的木头制成的，中心有一个金属制的圆形凸饰，用来保护拿盾牌的手。

矛是维京勇士最常用的武器，长约3米。它既可以用来投掷，又可以刺向敌人。

剑则赋予人很大的威望。一般剑是由父辈传给儿子的，人们认为剑有不寻常的魔力。剑通常是双刃的，人们总是喜欢给它取个凶狠的名字，比如"裂颅手"或"断腿者"。在富有的家族里，当勇士去世时，他们使用过的武器将随他们一同下葬。那些武器做工精致美观，其中就包括手柄被精雕细琢的铁剑。

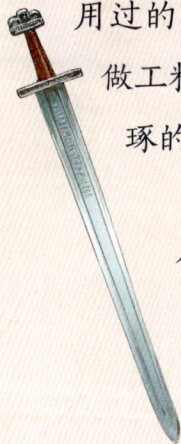

维京勇士非常喜欢的一种武器叫作战斧（上图）。这种武器既可以用来投掷，也可以拿在手中挥舞。刀刃锋利，非常致命，因此维京人的敌人都很害怕这种武器。

一把战斧

面对敌人，维京人会站在由无数盾牌筑成的一堵"墙"后面。而后开始射箭、投掷长矛，甚至拿出剑和斧头与敌人短兵相接。

如果这时还无法取得胜利，维京勇士们则尝试着冲破敌人的防线。如果有可能的话，他们将会俘虏或杀害敌人的首领。为了达到这个目的，指挥官会命令他的部下，由 20—30 名勇士组成一个"楔形"阵队向敌军进攻，这些勇士往往会直接冲过去，希望以绝对数量取胜。

维京人认为如果士兵在战场上牺牲，他会去往欧丁神的殿堂，这将是一个巨大的荣誉。人们称最勇猛的武士为"狂暴战士"，这个词来自挪威语，是"熊皮"的意思。激战前，"狂暴战士"会让自己处在一种狂野的状态。在这种状态下，勇士们会极度疯狂，有些人甚至会咬掉盾牌的边缘。

哈拉尔德来到了洞穴外面，只见他鼓起胸膛，低沉却不失洪亮地怒吼道："卑鄙的家伙，快出来！"过了几分钟，龙巨大的脑袋慢慢地伸出了洞穴，懒洋洋的，仿佛要品尝它的下一顿小吃。哈拉尔德手握长剑，冲向那条龙，却被它呼吸时的灼热气息击退回来。那条龙悄悄地溜出了它的洞穴，一边围着它的对手转圈，一边观察。突然，它用自己强有力的下颌咬住了村长的腿。"哈拉尔德！"我们大喊起来。

那条龙丢下了哈拉尔德，突然转向我们。它咆哮着，从嘴里喷出了火焰。啊！这下子我们完蛋了——那条龙冲我们来了，但是我们必须先救哈拉尔德。无论如何，它永远都抓不到我们这些小孩儿，因为我们很容易从树之间的夹缝中逃脱。

因此，我们继续舞动着胳膊，大嚷大叫，并不需要四处乱跑。突然，我们看到埃里克跳到了这只怪兽的背上，正用他的那把屠龙剑刺进龙的身体。看来我们得救了！

"屠龙剑并非浪得虚名！"埃里克站在死去的龙一旁，自豪地把宝剑高高举起来，笑着对我们说。当我们凯旋而归，村民们从家里跑了出来。当我告诉他们那只龙已经死掉了时，他们每个人都开心地挥舞着手臂，表示庆贺。

村民们发现了弗罗迪的种种恶行之后，把他赶出了村庄。并且还勒令他和他的手下远离家园，永远不要再回来。

此时此刻，人人都想去参加聚会！大家为我们的胜利举办了一次盛宴。哈拉尔德感谢我们帮助他击败了那条龙，并特意举杯向屠龙者埃里克表示庆贺。"你将会成长为一名最出色的首领，我的儿子。"他说道。

这时，我们突然想起爷爷！他一定会怀疑我们去了哪里。尽管与埃里克及这些新结识的朋友永远在一起也非常快乐，但是我们还是决定回去。我伸手去摸别在腰带上的钥匙……但是它不见了！

埃里克发现了我们焦灼的神情。"嘿，伙计！你们要去哪里？遇到什么麻烦了吗？"我们告诉他我们把钥匙弄丢了，而这把钥匙对我们来说非常重要。我想，如果我们告诉他我们来自一千多年以后的世界，他一定不会相信的！

"是这个吗？"他笑着说，"我们的船沉了之后，我在海床上发现了它。"太好了！我们终于松了一口气，对埃里克的感激溢于言表。与他告辞之后，我们开始去找寻那扇小门。牛、猪和鸡仍然在那里。我们不得不在牛的哞哞声、猪的哼哼声和鸡的咯咯声中挤过去，用钥匙打开了门，然后钻了进去。

爷爷突然走进书房，我们一个趔趄摔倒在地。"天哪！"爷爷笑着对我们说，"你们去哪里啦？去农场打滚儿了吗？"我们看看彼此，已经换回了之前的衣服，但是身上还沾着一些稻草。"爷爷，你猜得八九不离十！"我也笑了起来。

44

北欧神话众神

奥丁

我们对于北欧神话众神的了解，都来自一本名为《埃达》的书。这本书是北欧神话传说的汇编。最有权势的神当数奥丁，他掌管战争、正义和智慧。他与弗丽嘉结婚，是托尔、霍德尔和巴德尔的父亲。他当权的时候，两只乌鸦福金和雾尼是他的左膀右臂，为奥丁带回外面的消息。此外，他还有两匹狼——基利和弗雷奇。

托尔拥有一把巨锤，称作"雷神之锤"。托尔凭借着这把巨锤，守卫诸神免遭巨人族侵袭。他同样也是雷神。托尔坐在双轮战车上，由两只山羊为其拉车。

弗雷和弗蕾娅为兄妹，是丰饶之神。弗雷还掌管和平。他坐在战车上，由野猪为其拉车。弗蕾娅坐在由两只猫拉的战车中飞越天空。她同样是爱之女神。

赫尔被奥丁派到"最下层的世界"，负责那些不是在战争中光荣牺牲的人，也就是病死和老死的人。

托尔

众神最大的敌人是巨人族。众神与巨人族总是发生冲突。从力量上，只有托尔可与其抗衡，因此，众神不得不倚仗狡猾的洛基。他是火神，也是诡计多端的骗术师。

弗雷

弗蕾娅

洛基

维京人认为世界将会因为一场战争而终结，这场战争便是"诸神的黄昏"。在这场战争中，众神将会与巨人族展开殊死搏斗。诸神最终将面临死亡，而后一场大火将席卷整个世界。战争结束后，只会有几位幸存者，他们将生活在新世界。在那里，邪恶将被永久驱逐，众神和人们平静地生活在一起。人类将会成为利弗和弗诗拉希尔的后裔，在"诸神的黄昏"发生时，他们藏在了一棵树里。

赫尔

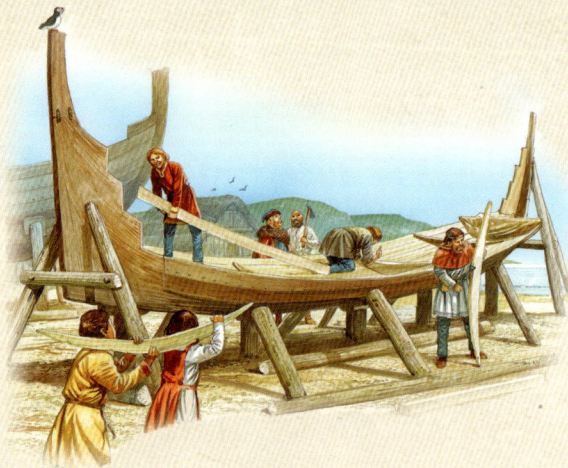

版权登记号：01-2018-8835

图书在版编目（CIP）数据

亲临维京时代 /（英）尼古拉斯·哈里斯，（英）埃里卡·威廉姆斯著；（英）皮特·丹尼斯绘；张昊媛译 . -- 北京：现代出版社，2019.10
（时间的钥匙）
ISBN 978-7-5143-8070-5

Ⅰ. ①亲… Ⅱ. ①尼… ②埃… ③皮… ④张… Ⅲ. ①儿童故事—图画故事—英国—现代 Ⅳ. ① I561.85

中国版本图书馆 CIP 数据核字（2019）第 175313 号

时间的钥匙：亲临维京时代

作　　者	［英］尼古拉斯·哈里斯　埃里卡·威廉姆斯	网　　址	www.1980xd.com
绘　　者	［英］皮特·丹尼斯	电子邮箱	xiandai@vip.sina.com
译　　者	张昊媛	印　　刷	北京瑞禾彩色印刷有限公司
责任编辑	王　倩　崔雨薇	开　　本	889mm×1194mm　1/16
封面设计	八　牛	字　　数	50 千字
出版发行	现代出版社	印　　张	3
通讯地址	北京市安定门外安华里 504 号	版　　次	2019 年 10 月第 1 版　2019 年 10 月第 1 次印刷
邮政编码	100011	书　　号	ISBN 978-7-5143-8070-5
电　　话	010-64267325　64245264（传真）	定　　价	150.00 元（全 6 册）

THE TIME KEY

时间的钥匙

【英】尼古拉斯·哈里斯 埃里卡·威廉姆斯/著 【英】皮特·丹尼斯/绘 张昊媛/译

古罗马大冒险

中国出版集团　现代出版社

亲爱的小读者：

你能想象目睹火山爆发是什么样的感受吗？你身处险境，命悬一线，危在旦夕时的情景是什么样的？真是太可怕了，真的非常恐怖！

然而这一切就发生在我们身边，不过身处其中时，却没有想象中那么害怕。好吧，这并非现在发生的事情……我们来到了古罗马时代一座叫作庞贝的古城。在那里，每件东西都很酷，而且非常与众不同，我们简直无暇停下来思考！

没错，正是庞贝！我们穿越到过去，亲历了一场异常刺激的冒险之旅。我知道，你们一定觉得这简直难以置信，但是当你读过这篇日记之后，一定会改变主意的。你将和我们一起观看角斗士格斗，一起被罗马士兵紧追不舍！

乔西与梅茜

THE TIME KEY

时间的钥匙

古罗马大冒险

一个雨天的下午，我们趴在爷爷的书房里，津津有味地读着他书架上一本厚厚的书，这本书讲的是关于古罗马时代的故事。

"没有比做一名角斗士更酷的事情了！"哥哥乔西激动地说。

"当真？"我问道。

戏剧脸谱

近日，在庞贝出土了一个精致的演员面具。公元79年，维苏威火山喷发，将古罗马城摧毁。面具上画的是卡戎——神话里的一位船夫。他划着船将死亡的灵魂从冥河运往冥府，即地狱。这个面具是在剧院里被发现的，但是这种面具在角斗士的比赛中更常用。在比赛中，奴隶需要头戴这种面具，他的任务是为失败的角斗士收尸。据说有一位扮演这个角色的奴隶入戏太深了，在舞台上表演的时候，试图把自己伪装起来去暗杀一名知名的演员加卢斯·马克西姆斯。观众非常机警地觉察到了他的意图，才使得加卢斯幸免于难。

卡戎面具。在古罗马戏剧中，这个面具象征着背叛。

73

"你知道吗？有些角斗士被迫与动物角斗，身上却没有任何防护装备！"乔西倒吸了一口气，慌忙翻到了下一页。几分钟之后，我们听到一本书从身后的书架上跌落下来的声音。真是奇怪，我们感到疑惑，但是并没有去碰它。这是一本非常老旧的书，书中讲了罗马一座叫庞贝的古城里的新发现。其中一页由于松动而掉了出来，上面有一张图片，是一副丑陋的面具……

"快看这里，"乔西说，"这一页讲述了一个用面具把自己乔装起来的奴隶，受雇去谋杀他人的故事。有人雇用他在演出期间去杀害舞台上一位著名的演员。哈！是不是听起来让人觉得毛骨悚然？"

乔西正在阅读，我突然感受到一阵风从书架的缝隙处刮了过来。我们慌忙又抽出了几本书，发现在书架后面有一扇小门，门锁上插着一把钥匙。我扭动钥匙，把门推开，然后和乔西一起跳了进去。

门的后面是一间小屋子，地上铺着冰冷的瓷砖，四壁堆放着罐子和麻布袋。"乔西，看看你穿的这是什么！"看着他的脑袋从小门中钻出来，我咯咯地傻笑起来。我没发现，其实我也换了装。

我们从那个小房间里爬出来，到了一个大房间。房间有立柱支撑着，四面是绘制的彩墙。天窗是开着的，阳光洒了进来。房子中间有一个水池，水池中央有一尊雕像。人们穿着刚才我们在书中看到的那种衣服，来回走动着。难道这真的是一个古罗马式的房子？这时，一个女孩儿过来和我们说："你们两个，到这边来！"

罗马的故事

大约三千年以前，一个讲拉丁语的部落来到意大利台伯河畔，他们定居的城镇就是罗马。早期罗马由国王统治，但是到了公元前510年，人们决定建立共和国。

据传说，罗马城由双胞胎兄弟罗慕路斯和雷穆斯创立。

而后，罗马由一群被称为元老院议员的人统治。罗马越来越强大，逐渐占领了周边的领土。

公元前264年，罗马人占领了意大利大片土地后，开始瞄准更远的地方，他们击败迦太基人，最终赢得了地中海沿岸土地的控制权。有一名杰出的罗马将军，叫尤利乌斯·恺撒。公元前59年，他率军为罗马征服了许多新的土地，集权力和威望于一身，成为了罗马共和国的独裁官。最终，一些元老院议员因记恨恺撒的权力，于公元前44年将其刺杀，而后罗马进入了帝国时代。

尤利乌斯·恺撒

公元前218年，迦太基军事统帅汉尼拔率领3.5万人和37头大象穿过阿尔卑斯山脉，入侵意大利罗马境内。尽管他损失了1万人的兵力和1头大象，但是依然在这场战争中战功显赫。

公元 64 前，一场大火摧毁了罗马城。尼禄皇帝被诬告为是这场大火的始作俑者。

恺撒去世之后，有两位男士开始争权夺利。一位是恺撒的养子——屋大维；另一位是马克·安东尼，他是埃及艳后克娄巴特拉七世的情人。

公元前 31 年，在阿克提姆海战中，屋大维击败了安东尼，成为罗马帝国皇帝，被赐封为"奥古斯都"，意思是"神圣伟大的人"。奥古斯都为罗马带来了和平，但是并不是每一位继位的皇帝都像他那么英明。

在接下来的 150 年里，罗马帝国不断扩张，从欧洲、非洲和亚洲的其他地方掠夺财富和奴隶。一些地方开始发生暴动，其中包括公元 60 年，古不列颠部

奥古斯都

落爱西尼女王布狄卡领导的起义；以及公元 66 年，数以千计犹太人的反叛。但是从公元前 27 年开始，到奥古斯都开始统治之后的两个世纪中，罗马帝国都没有发生过大型战争，这一时期被人们称作"罗马和平"。

布狄卡女王卷入与罗马人的战争中。

女孩儿名叫利维亚，她把我带进厨房。"给你，"
她边说边递给我一只死老鼠，"如果我们不能按时准
备好这顿饭，就会遇到大麻烦。"我们在给她打下
手时，利维亚告诉我们，她和她的哥哥马库斯都是
从布里顿贩卖过来的奴隶。马库斯是一名角斗士，
他如果能赢得明天的比赛，就可以获得自由。

宴会菜单

餐前小品
水煮蛋蘸松子酱
孔雀舌
烤鹅配芦笋
炖腌制蜗牛
烤蜂蜜腌制冬眠鼠和翻烤罂粟籽
烤乳兔

副菜
烤鸵鸟
长颈鹿肉排
填充香肠和水果的烤猪
填充鸡肝的咸鱼
油焖原汁猪胸肉

第三道菜
蜜汁芝士蛋糕
枣和坚果
橄榄派

宴会非常热闹。乔西、利维亚和我在一旁服侍客人。客人们趴在沙发上，一边享用着碗碟里奇怪的食物（没错，包括刚才那只死老鼠！），一边欣赏乐手的演奏。我无意间听到利维亚的主人说到一座"颤抖"的山脉叫作维苏威。维苏威？这个名字听起来非常熟悉……

　　"小屁孩儿！到那边去。"一个面相凶恶的用人向我们嚷道，"去，再为客人们取些葡萄酒！"

第二天，我们接着探索。没错，这里就是庞贝城。主广场被称作论坛，这里有一个集市，售卖各种各样的东西，包括奴隶。维苏威山矗立在庞贝城的城边，若隐若现。

我们正在集市上溜达时，又看到了那个可恶的用人。他紧挨着两位男士站着，讨论着一项新的角斗士游戏"斗狮"，这个游戏更加吸引人。"我手里有非常合适的人选，"其中一位男士说，"他的名字叫马库斯。没有人比他更强壮了，在速度方面他也是最快的。我答应了他，如果他赢得了今天的比赛，将会获得自由……但是，如果价格合适，我也可以把他卖给你。他将与你的狮子们进行角逐。"

　　他们以一袋钱成交。

15

罗马帝国

$\qquad$

图拉真统治时期，罗马帝国的疆域扩张到历史上的最大范围。他率兵发动了一系列的军事行动，侵占了东部的土地——亚美尼亚、亚述和美索不达米亚。公元117年，罗马帝国的疆域从苏格兰延伸至埃及沙漠，从大西洋到红海，面积达650万平方公里，其中包括地中海周围的所有土地。近9000万人生活在罗马帝国统治之下。公元212年，每一位生活在罗马帝国的自由民（不是奴隶）被授予了公民权。

罗马骑兵

罗马的统治十分强势，但是也对当地的风俗、语言和宗教非常尊重。罗马的官方语言拉丁语也逐渐传到了西部。尽管东部依然盛行说希腊语，但是帝国的大部分地区都开始说拉丁语了。

公元200年的罗马帝国

北海 / 日耳曼海

不列颠

1 阿尔卑斯山 - 潘尼奈
2 阿尔卑斯山 - 科提埃
3 阿尔卑斯山 - 马里提麦

下日耳曼
曼尼亚
贝尔吉卡
上日耳曼
曼尼亚
卢古德南锡斯
莱蒂亚
诺里库姆
高卢
上潘诺
尼亚
下潘诺
尼亚
达契亚
黑海
阿基塔尼亚
纳尔榜高卢
意大利
1
2
3
伊利里库姆
上梅西亚
下梅西亚
色雷斯
比提尼亚
本都行省
加拉提亚
卡帕多西亚
卢西塔尼亚
塔拉科
科西嘉岛
罗马
马其顿
伊庇鲁斯
亚洲
昌西亚和
潘皮利亚
西里西亚
叙利亚
伊伯利亚
撒丁岛
亚该亚
塞浦路斯
贝地卡
西西里岛
尤迪亚
毛里塔尼亚 - 廷吉他纳
毛里塔尼亚 - 恺撒里亚
地中海
佩特拉 - 阿拉伯
非洲
昔兰尼加和克里特岛
埃古普托斯

古罗马全景图里的维纳斯神庙和罗马城（1），帕拉蒂尼山上皇帝的宫殿（2），斗兽场（3），最大的圆形剧场和大型竞技场（4），举办战车比赛的场所。

在政府高效的管理下，征服的领土被划分为不同的省份。每个省有一位地方长官。一些重要省份，比如帝国生产农作物的主要省份埃古普托斯，也就是现在的埃及，则由一位头衔为总督的资深官员掌管，这位官员由皇帝亲自指派。所有的城市由一条全新的道路交通网连接，供军人、商人和信使使用。

罗马本身就是罗马帝国的首府，皇帝官邸所在地。诸如谷物、橄榄油、葡萄酒、象牙、香料、丝绸等商品从帝国的四面八方涌入该城。罗马因宏伟的建筑而名扬四海，常住人口超过一百万人。有钱的公民生活极度奢华，而绝大多数居民都很穷，挤在脏乱不堪、臭气熏天的狭窄街道两旁的公寓里。

只有少数公寓有自来水，而且这里火灾频发。每逢夜幕降临的时候，这里便成了小偷和杀人犯的地盘。

在罗马，省级长官从地方部落首领那里收税作为地方财政的一部分。一部分钱用来养活部队和地方楼宇的建筑项目。

我们慌忙跑回去把这个消息告诉利维亚："马库斯可能遇上大麻烦了！我们在广场上遇到了他的主人，他将马库斯卖给了别人去与狮子搏斗！即使是赢了今天的比赛，他也不会重获自由。我们必须提醒他！"

　　可是，当我们匆匆忙忙跑到圆形剧场时，角斗士的比赛马上就要开始了。这是一个巨大的露天运动场，场地中央椭圆形的区域内铺着沙子，非常平坦。场地四周是许许多多陡峭的台阶，供人们坐在那里观看比赛。

只见马库斯手持一张网，而
另一位名叫姆尔米洛的角斗士也
全副武装。他们身边有一位看起
来很奇怪的人，他头戴面具，手
持木槌。他在那里做什么？那个
面具看起来很熟悉！做了几个娴
熟的动作之后，马库斯瞬间把他
的对手捉入网中。我们都大声欢
呼起来！

古罗马的角斗士

护盾手

莫米罗角斗士

角斗士都是奴隶或者罪犯。他们接受训练，而后在众人的围观中相互搏斗，十之八九会在搏斗中死去。角斗士的比赛在大型的露天竞技场举行。竞技场呈椭圆形，地上铺着沙子，四周环绕着一排排呈阶梯排列的座椅。角斗士要么手持剑与盾，要么手持三叉戟和网。不同类别的角斗士可以通过他们的头盔和武器区分开来。

色雷斯角斗士和萨姆尼角斗士穿着像野蛮人，他们都是罗马人击败的族裔；护盾手穿戴如希腊士兵的制服，他们也代表一个被罗马人打败的族群；莫米罗角斗士头戴羽饰头盔，是神话中的"渔夫"；追击士头戴光滑的圆形头盔，这是为了防止他们被三叉戟刺伤，但是戴着头盔，却使他们很难始终把敌人锁定在自己的视线范围之内；双刀斗士凭借两把长刀角斗，他们没有盾牌；网戟斗士几乎不戴头盔，也不穿戴防御盔甲，手持一支三叉戟和一张网作为武器；战车斗士在作战时有一辆双轮马车。

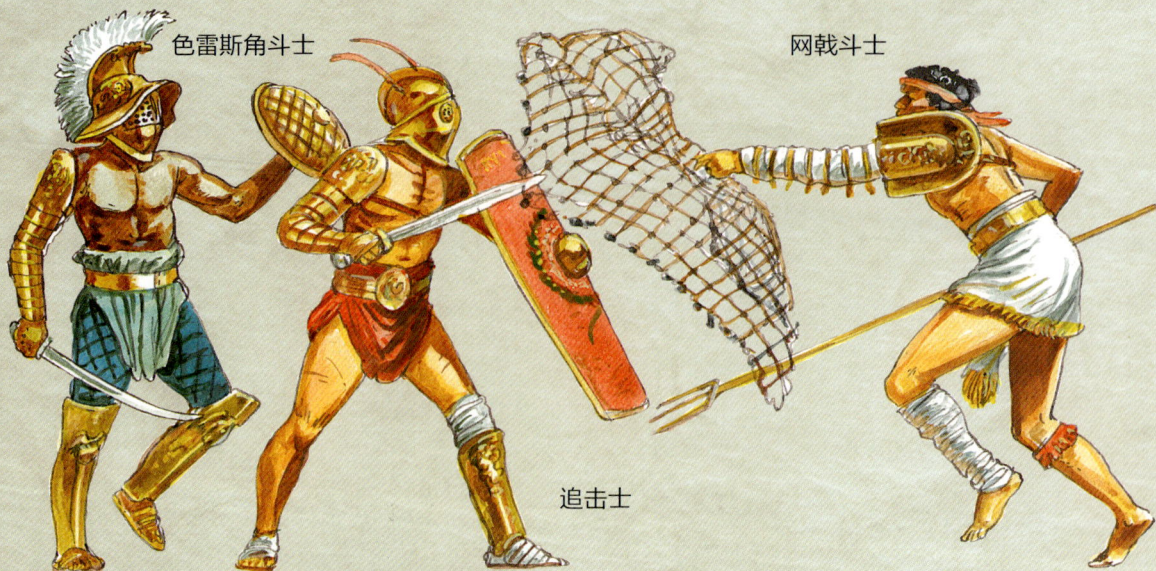

色雷斯角斗士

网戟斗士

追击士

角斗比赛由一队角斗士开始。比赛由赞助人倡议发起，这个赞助人被称为总策划。在罗马，总策划一般是皇帝自己。模拟角斗一般用动物来厮杀或狩猎，比如让老虎、豹子、狮子、大象和犀牛相互争斗，或者被斗兽士刺杀。

战车斗士

　　清晨的比赛结束之后，就会处决罪犯。有些时候，会采用一种特别残忍的方式。他们将判了死刑的罪犯扔进竞技场，命他们在没有任何保护措施的情况下，与危险的猛兽角斗。有时，竞技场被洪水淹没，就完全沦为一场海战，俗称"海战演习"，于是这时船只便登场了。

萨姆尼角斗士　　双刀斗士

　　比赛的高潮是在下午——独立角斗士之间的搏斗，一般是由不同类型的角斗士来进行比赛，由一位角斗士学校的管理者作为裁判。如果角斗士受伤，或者认输，他将举起食指。据坊间流传，如果众人向上翘起拇指，则表明他们希望宽恕失败的角斗士；如果拇指向下，则表明众人同意将他杀死。比赛的裁判有权决定是否将失败的角斗士送上断头台。被定罪的犯人不会请求宽恕，但是会很有尊严地死去。一位角斗士被杀死之后，会有一个人扮成卡戎——这位通往地狱的摆渡人会在奴隶们用钩子把尸体拖走前，用木槌敲敲死者的脑袋，确定他是否真的死亡。

斗兽士

马库斯振臂高呼以庆贺胜利，被击败的姆尔米洛有气无力地把手指指向上方。一位身披紫白相间托加长袍的男士负责比赛判决，他就是传说中的"总裁判"。他决定让姆尔米洛活着。但是当马库斯要求获得自由时，总裁判却命令他下地牢。

　　"你答应我的！"马库斯向他的主人生气地喊道，但是没有人回应他。正在这时，头戴面具的男士出现在马库斯身后，准备用手中的木槌向马库斯身上砸……

　　"当心！"我们大声叫道。马库斯发觉自己身处险境，立马纵身一跃，跳到一处安全的地方。

我们四个人都冲出角斗场，跑到了庞贝城的街道上。我们能听到街道上追逐我们的士兵大喊大叫，命令我们停下来。

　　"你不觉得那个戴着面具的家伙之前在哪里见到过吗？"我一边奔跑一边冲着乔西嚷道，但是他上气不接下气，根本无力回答我。我们转过拐角处，在浴室后面的小巷暂时歇歇脚。一位奴隶发现我们遇到了麻烦，给我们指了一条通往后门的路。

罗马军队

如果没有一支强大的军队，就不会有罗马帝国的诞生。在帝国的鼎盛时期，士兵们训练有素、装备精良。

在共和国早期，只有那些拥有土地的公民才能加入军队。全职军人占极少数。一旦罗马与海外发动战争，就需要更加强大的军队。此时任何一位公民，无论是否拥有土地，都必须入伍。军队将会发放武器、食品，每一个军人都会接受训练，并收到军队发放的薪水。

罗马步兵（上图和左图）被称作军团士兵。他们的身高全都在1.75米以上。军团士兵头戴钢铁头盔，身穿铠甲，扎着羊毛制的束腰，披着皮制披肩。战争期间，军人需要携带着武器、盾牌、铺盖卷、厨具和食品，行军30公里抵达战场。

百人队长（右图）掌管着由100名（后来是80名）军团士兵组成的百人团。他穿着银制铠甲，头上戴着用羽毛装饰的头盔，以彰显他更高级的身份。他手持弯弯曲曲的藤条，专门用来敲打不服从命令的士兵。首席百夫长是军团的高级百人队长。

罗马人作战时使用长矛和剑。随着雇佣军和外国武士的增加，他们的队伍也在扩充。罗马士兵们组编成一支骁勇善战却不失谋略的队伍，称作"龟甲形大盾牌"，或"龟甲形连环盾"（下图）。士兵们在前进的过程中，可以将他们各自的盾牌相互重叠，或是举过头顶，或是放在胸前。

后援人员

骑兵部队

罗马军团:
9 支步兵队，加上
一支重要步兵队

步兵队（包括 6 支百
人团，共计 480 人）

百人团（实际为 80 人）

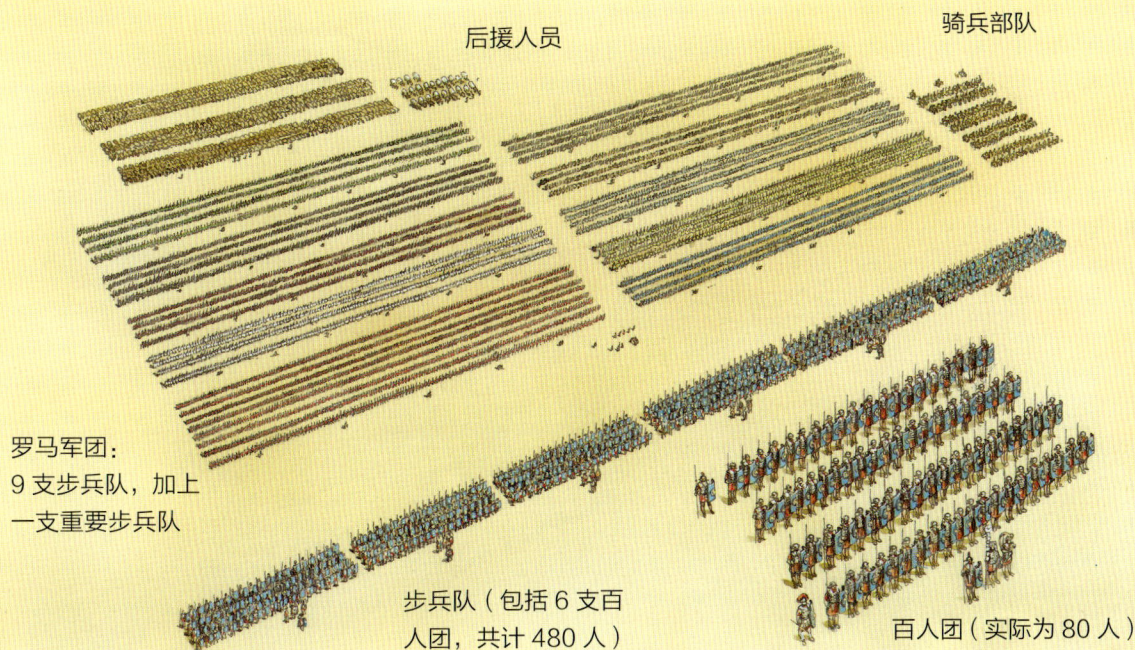

这为进攻的矛和箭设立了一道有效的屏障，让士兵能够离敌人更近。为了占领城市，罗马军队将组织围攻。军人们将城墙统统包围起来，无人能够逃跑，食物和设备也很难运送进去。士兵们用弹弓向墙上投射石块，或者用破城槌撞击大门。

罗马军队把大约 6000 人分成不同的组，称作"罗马军团"。8 人军团是军队最基层的组织单位：这个由 8 个人组成的小组居住在一起，共同接受训练，并肩作战。10 支 8 人军团（80 人）组成一支百人团，6 支百人团组成一支标准的步兵队。每一支罗马军队都拥有 9 支标准的步兵队，再加上一支非常特别的步兵队，被称作"特别步兵队"，包括 10 支百人团，或者一个由 800 人组成的队伍。每一个百人团都有自己的最高统帅百人队长以及一位旗手，一位盘旗手（右图）。一个罗马军团的军旗上面绣着金色或银色的鹰，旗手被称作鹰旗手。每一个军团有一位总督，由 6 位护民官做他的助手。

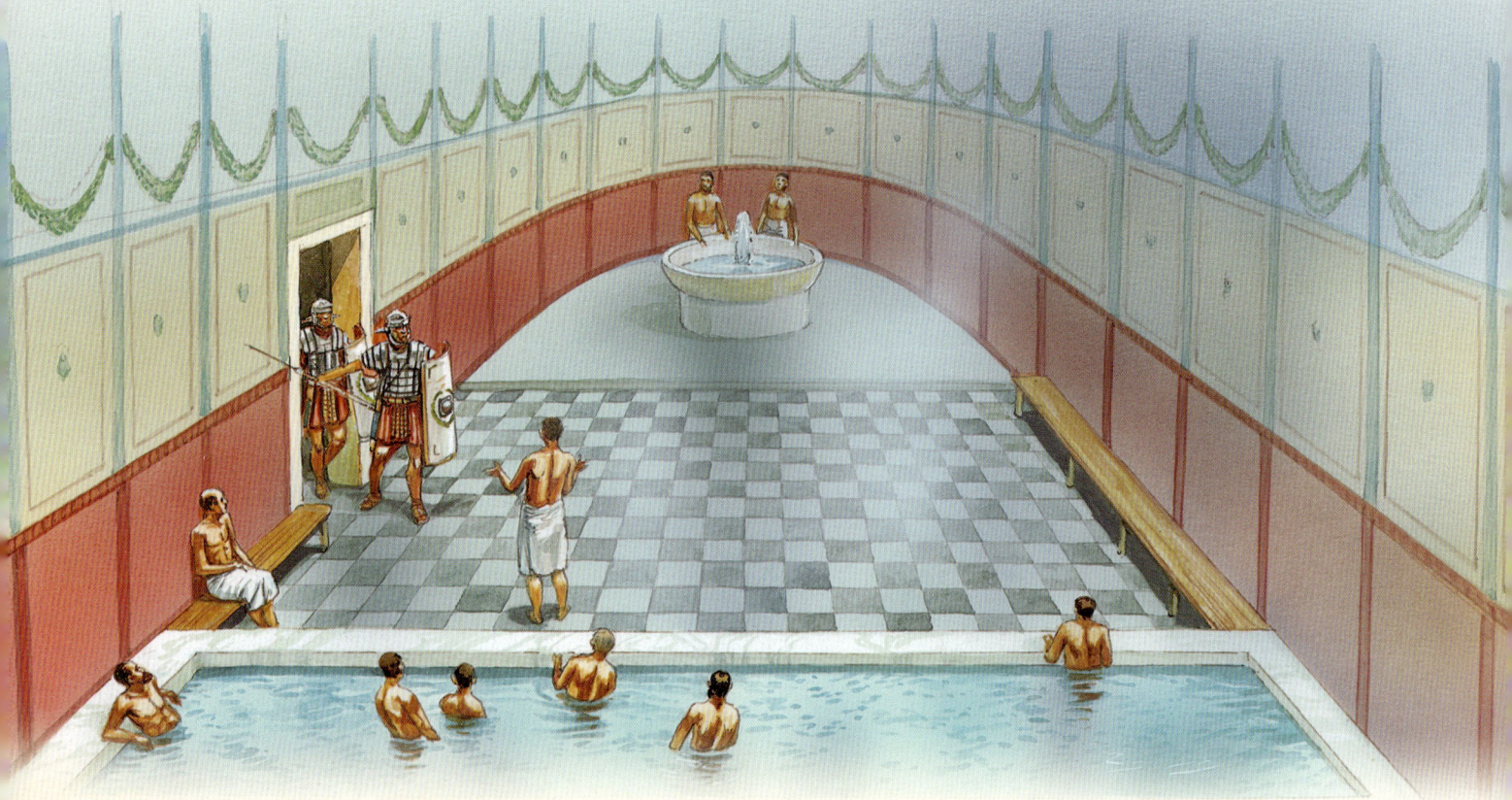

“你们可以藏在锅炉房的这个地方。”一个奴隶说。那里非常热，热气刺痛了喉咙，我们感到呼吸都变得困难了。我们希望在那里待的时间不要太长。马库斯看起来非常困惑。

“谁可以告诉我究竟发生了什么事？”

“马库斯，你的主人，”利维亚说，“因为你是一名十分优秀的角斗士，他就把你卖给了养狮人。我们想给你提个醒……”突然，门被撞开，士兵冲了进来。他们一把抓住了马库斯，但是我们三个却逃脱了。

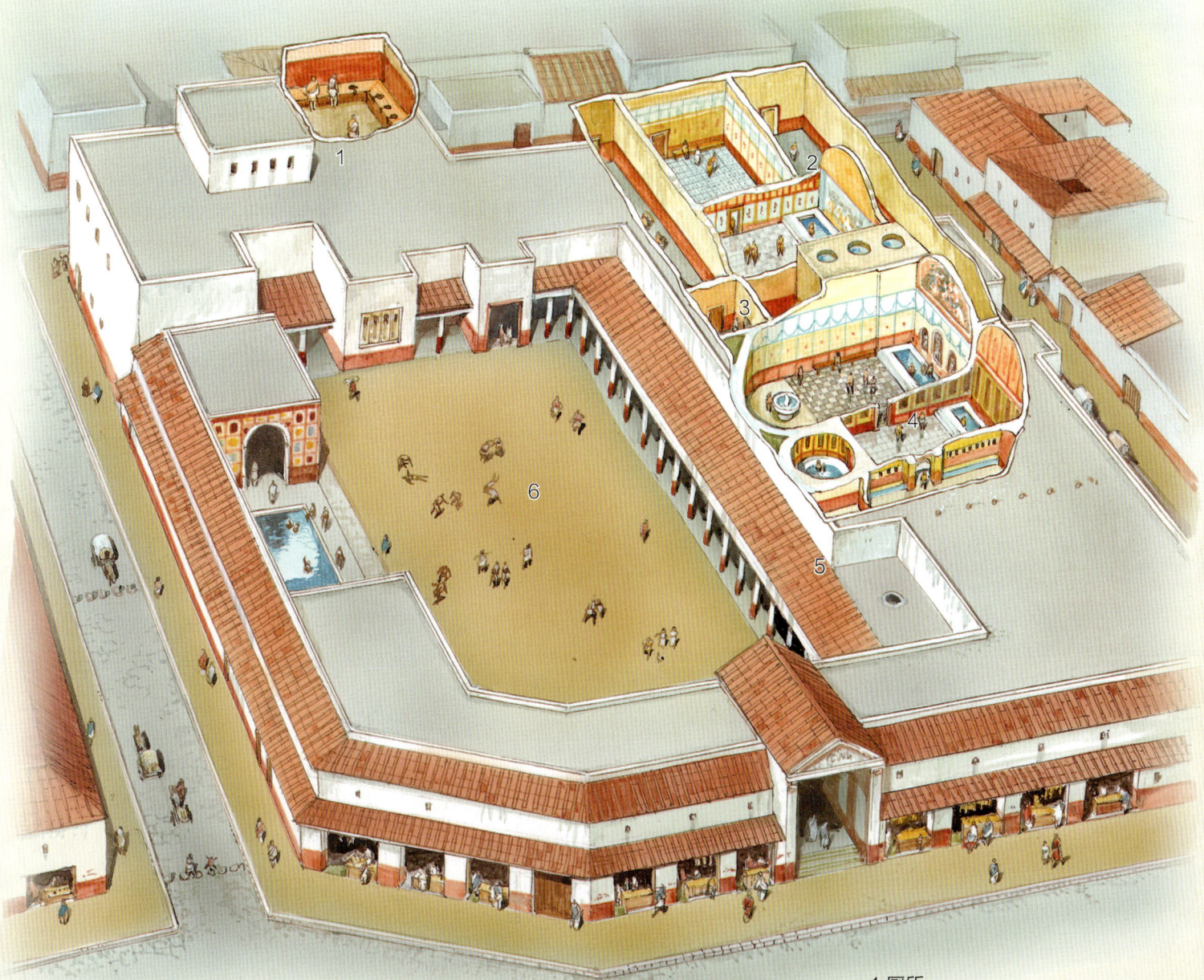

1 厕所
2 女冷水浴室
3 女高温浴室
4 男冷水浴室
5 男高温浴室
6 公用体育场

我们匆忙穿过长长的过道，来到了一个看起来很像大型运动场的地方。我们走到了前门入口处，发现士兵已经不再追赶我们了。利维亚不得不赶回去，但是我们约好晚些时候再见面，然后一同去营救马库斯。

罗马的工程学

罗马的建筑师和工程师建造了很多神奇的建筑，它们屹立至今。混凝土的发明使用——生石灰、火山灰、石头和水的混合物使一座建筑的材质既坚固又轻巧。

许多罗马建筑物的重要部分均采用混凝土结构，建筑外部则采用大理石、石头或砖头。

罗马建筑师多采用圆拱这种建筑结构，这使得桥梁和沟渠的施工能横跨较宽的山谷。

用于吊挂建筑材料的起重机

脚手架

卸货的平底货船

公路建设

公路对于高效统治的罗马帝国至关重要。便捷的公路可以使士兵和商品快速从一个地方到达另一个地方。罗马人使用他们在工程方面的专业知识建造笔直的公路，持久耐用。首先，工人们挖掘出一条沟渠（1）；而后在沟渠里填上一部分碎石（2）；接着，人们往上面添加层层石子和沙砾（3）；直到工人们用水泥将最上面一层糊上平坦的石板（4）；人们拼命向下挤压石板，使路面既坚固又平坦（5）；最后，在道路两侧挖掘沟渠，用来排水。

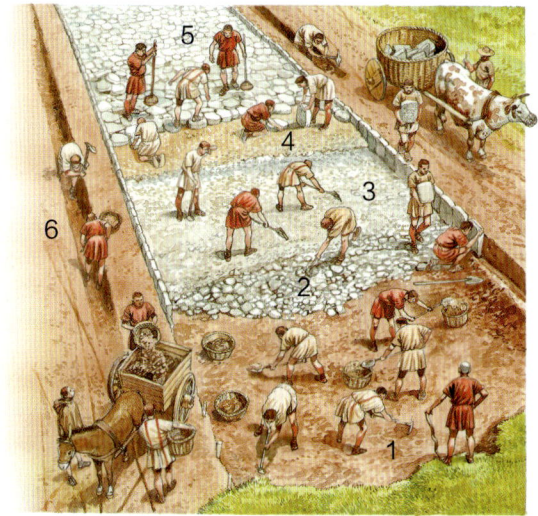

建造过程中用来支撑拱部的木结构框架

建造拱形支架

建造罗马沟渠系统是为了将山上的泉水引流至罗马帝国的城镇。有一些长40多千米。工人们小心谨慎地挖掘，使得泉水从源头顺着山坡往下流至目的地。在沟渠上方建造一座大型圆拱桥需要事先进行周密计划。首先，建造混凝土立柱，外壳为砖石结构；其次，用木质结构将一个立柱与另一个立柱相连，用来支撑拱部；最后一步是沿着拱桥的顶部，顺势而下建造沟渠。

我们在庞贝城的街道上漫步，希望不要被士兵们盯上。我们看到一头拉着两轮运货车的骡子突然受到惊吓，前蹄抬起，暴跳起来；小鸟们突然变得疯狂，发出刺耳的鸣叫声，拼命地拍打着翅膀；狗也汪汪直叫。"这里的动物都怎么啦？"乔西很好奇。随后，我们看到一个头戴风帽、身披斗篷的人站在街道旁的墙边，潦草地写了些什么。

我们看不清他的脸。他写完，准备离开时，指着墙，以低沉沙哑的声音说："读一下！"我们看着墙上的拉丁字母。嗯……我想，我们需要一点帮助。

AMICI, UT GLADIATOREM SERVETIS, PRIMUM AUXILIUM IN THEATRUM HISTRIONIBUS PETENDUM EST CAVETE PERSONAM. AGITE CELERITER OPPIDUM MAGNO IN PERICULO EST.

可以用最后一页的常用语手册来查找线索，解开留言信息。

非常幸运的是，我们有一本非常酷的拉丁常用语手册。手册里只有单词"IN"非常熟悉。乔西对照着墙上的词指着手册里的"GLADIATOREM"和我说："这个单词的意思是'角斗士'。"

"啊，看这里！SERVETIS的意思是'帮忙'。是大家来帮一帮角斗士的意思吗？这一定说的是马库斯！那位男士在告诉我们如何帮助马库斯！"我们赶紧把全部留言都翻译了出来，然后慌忙跑去找利维亚。我们向她的主人请示——当天晚些时候我们可不可以去剧院。

31

戏剧刚刚开始，我们就到了剧院。每一位演员都戴着不同的面具。利维亚建议我们坐得离舞台近一些，这样在演出结束时，更容易引起演员的注意。当我们匆匆忙忙下楼梯的时候，音乐响起，主演加卢斯开始讲话。

我们刚刚走到舞台前，就看到一位演员手持匕首，悄悄地走到加卢斯的身后。他和在比赛中狠命鞭打马库斯的人戴着同样的面具！我突然意识到之前在哪里见到过他。"乔西，这个人就是我们在爷爷的书里看到的凶手！"我倒吸了一口气。"当心！"我们都尖叫了起来。

加卢斯停下来，看着我们。另外一名演员非常机警地意识到这部剧里并没有凶手这个角色，于是他一把抓住了偷袭者。在挣扎中，他的面具掉了下来。这是一个长相凶恶的侍从！后来，在更衣室，我们告诉了演员们来这里的原因。

"这位认识马库斯的男士是我的朋友，"加卢斯说，"这也是他为什么要置我于死地的原因。他知道我会帮助你们营救马库斯。"

加卢斯告诉我们，明天是这里的一个节日。如果我们在庆贺节日的时候放走马库斯，狱卒一般不会发现。

但是第二天让所有人都意想不到的事情发生了。整座城镇受到巨大的震动，维苏威火山爆发了！！！

　　中午前，火山大面积喷发。人们纷纷跑上街头，看到烟雾和灰烬直冲云霄。我们抬头凝视着火山，被吓得动弹不得。

　　天色渐渐黑了下来，一道闪电在空中一闪而过。灰烬四处散落。全城陷入一片恐慌——人们尖叫着，四处寻找着庇护所。时间丝毫耽误不得。"利维亚、乔西，"我说，"你们快去监狱找马库斯。我去找演员。我们必须迅速行动！"

　　乔西和利维亚说完就跑走了。我扭头也准备跑，发现地上有一些罗马硬币，一定是谁丢下的。我没忍住，从地上捡起几枚留作纪念！

　　乔西和利维亚到了监狱，他们发现马库斯独自一人被锁在小牢房里。士兵们早就拿着钥匙逃跑了。怎么样才能推倒这厚重的门栏呢？

非常幸运的是演员们都很清楚如何帮助马库斯逃跑——正像那条神秘的信息告诉我们的那样。

"梅茜！你可真笨！"当乔西和利维亚想出可以让谁来做这项工作时，冲着我尖叫起来。没错，正是一头大象！"它的名字叫费斯蒂纳，"我答复他们，"它在角斗表演开场前做预热表演。"

"赶紧！"加卢斯喊道，"将这些皮带捆到门栏上。"费斯蒂纳轻轻松松地把牢房的铁栅栏扯开，马库斯走了出来。"我们得赶紧离开庞贝城，"加卢斯叫着，"众神向我们发出了警告——大灾临头。现在必须找一艘船带我们出海。"演员们几乎异口同声地说："赶紧去港口！"

庞贝城的其他人也是这么想的，所以此时
码头上已经挤满了人。大大小小的轮船和客船里也到处都
是人和行李，这些船正要启程前往更开阔的海洋以及更安全的地方。但是，
乔西和我正要登船，突然意识到如果我们离开庞贝城房间里的那扇小门，我们
将永远无法回家了。等等……我们的钥匙去哪儿啦？

罗马船只

对于罗马人而言，船只是非常重要的交通工具。人们既可用它来运输商品，也可在战争时使用。商船（右图）大而笨重，而且行进缓慢。在地中海海域，它们时常能够在疾风骤雨中幸存。这些船的船尾有两支大大的桨可以用来操舵。

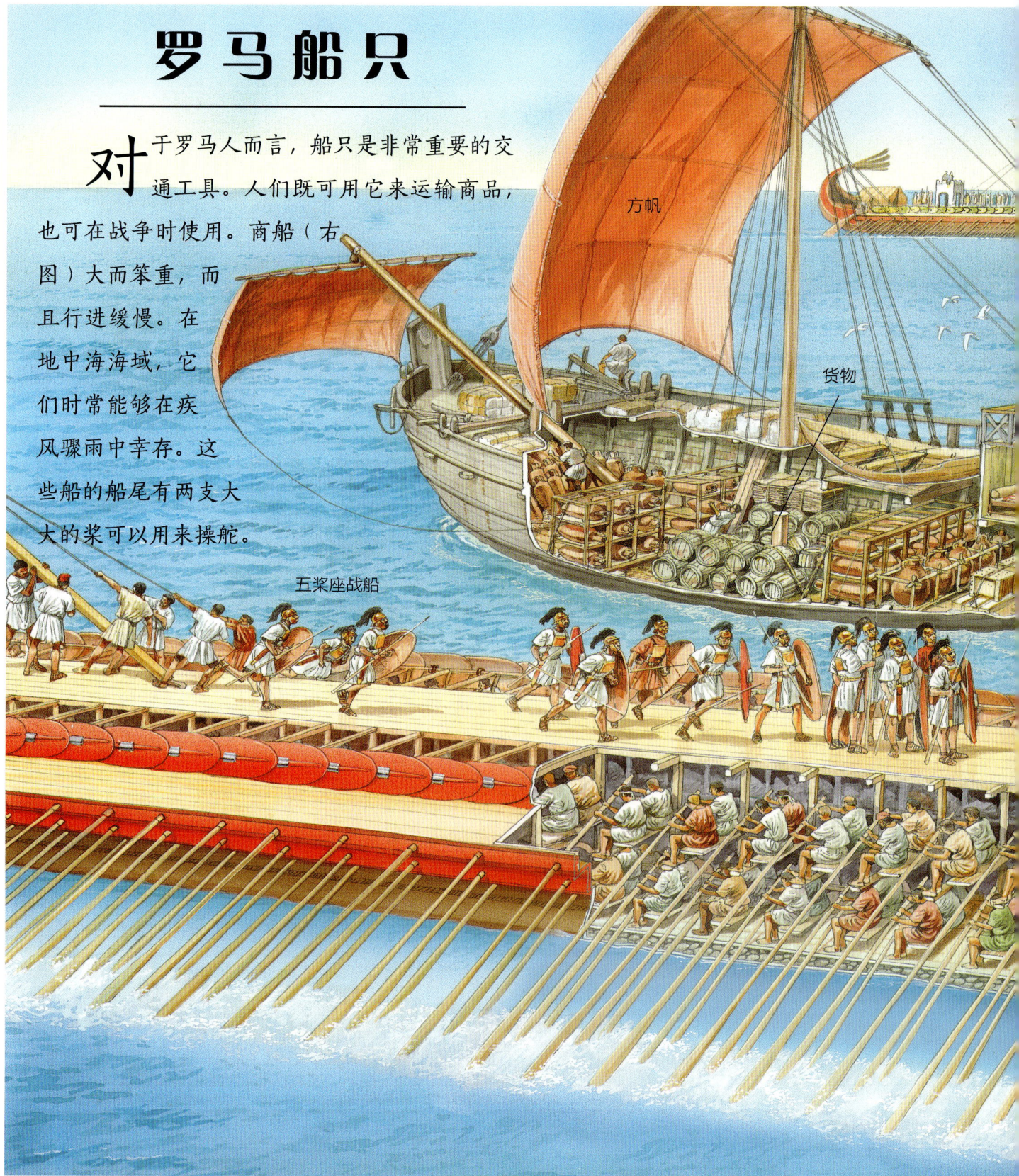

方帆

货物

五桨座战船

商船

乌鸦吊

这种五桨座战船每一侧列有五位划手和三只桨，桨由这五位划手操纵。划手的总人数超过 300 人。战船和运兵舰上都配有破城槌、十字弓和一个"乌鸦吊"。这个"乌鸦吊"能够刺向敌舰的甲板，牢牢钉在敌船上，供士兵登陆用。

十字弓

甲板以下的划手

破城槌

越来越多的火山灰烬散落在我们的四周，我们从来没有感受到如此绝望。正在那时，我听到人群中有人在喊我们。"嘿，终于找到你们了！还记得我吗？你们之前是不是有什么东西落在浴室里啦？"说话的正是那位帮我们在浴室里藏身的男士。

钥匙一定是我们在逃离士兵追击的时候从乔西的腰带上掉下来的。"哦！谢谢，非常感谢！"我们开心地叫嚷着，"乔西，快来！我们赶紧走！"如果我们想与爷爷重逢，就必须冒着巨大的危险回到庞贝城。

灰烬如雪片一般下了厚厚的一层，差不多有我们膝盖那么高了，这让我们几乎无法奔跑。尽管极度危险，但一位士兵仍旧坚守岗位。他非常友好，为我们指引了去利维亚那间房子的正确方向。

我们的双脚深深地陷在了灰烬中，深一脚、浅一脚。当我们终于穿过街道时，看到人们试图用麻布袋，或是篮筐遮挡住他们的头部。有些人干脆躲在楼里避难。厚重的灰烬压垮了一个阳台，我们意识到原来待在室内也不再安全了。

我们终于回到了利维亚的房间，把门推开，看到门厅里已经堆积了厚厚的灰烬。我们迅速找到库房和那扇通往安全场所的小门。"汪！汪汪！"突然有一只小狗探出头来。"这里有一只狗！"乔西嚷嚷着，哈哈大笑起来。

"它一定要跟我们走，不能把它留在这里，你同意吗？我们一定要把它带走！"只听见一声巨响，我们赶紧把门打开，爬了进去，乔西把那只小狗紧紧地夹在他的腋下。刚刚把门关上，就听到外面的街道上有一阵猛烈的爆炸声。我们跌倒在爷爷书房的地板上。

过了一会儿，爷爷打开门往里窥探，问我们："这里一切都还好吗？"我们看看彼此，然后打量了一下我们身边的这只小狗。啊，我们确实有一些事情要和爷爷说！

44

拉丁语 · 英语 · 汉语　常用语手册

对话
Gratias tibi ago / Thank you / 谢谢
Nomen mihi est… / My name is... / 我的名字叫……
Quid est tibi nomen? / What's your name? / 你叫什么名字?
Salve!/Salvete! / Hello! / 您好!
Vade!/Vadite! /（Let's）go! / 走!
Vale!/Valete! / Goodbye! / 再见!
Verendum / Awesome;cool / 棒极了; 太酷了

常用单词
Auxilium / Help / 帮助
Cave!/Cavete! / Beware! / 小心!
Ita / Yes / 是的
Magnus / Great / 巨大的
Parvus / Small / 小的
Non / No / 不
Periculum / Danger / 危险
Primus / First / 首先
Ultimus / Last / 最后
Ut…servetis / in order for you to help / 为了帮助你

动作词汇
Age!/Agite! / Act! / 行动!
Festina/Festinate! / Hurry! / 赶紧!
Fuge!/Fugite! / Run! / 快跑!
I!/Ite! / Go! / 走!
Petendum est / Must be sought / 为了寻求
Pugna!/Pugnate! / Fight! / 开战!
est / is / 是

朱庇特
众神之王

阿波罗
光明与预言之神

注: 如出现两个拉丁语词, 比如 Cave 和 Cavete, 则表示第一个用来对一个人说, 第二个用来对多个人说。

描述动作的词汇
Celeriter / Quickly / 迅速地
Comiter / Friendly / 友好地
Fortiter / Bravely / 勇敢地
Lente / Slowly / 慢慢地
Placide / Gently / 温和地
Truculenter / Fiercely / 猛烈地

人
Amici / Friends / 朋友
Dominus / Master / 主人
Femina / Woman / 妇女
Frater / Brother / 兄弟
Gladiatorem / Gladiator / 角斗士
Homo / Man / 男人
Histriones / Actors / 演员
Mater / Mother / 妈妈
Miles / Soldier / 军人
Pater / Father / 爸爸
Persona / Masked man / 蒙面男子
Servus / Slave / 奴隶
Soror / Sister / 姐妹

马尔斯
战神

注: 在拉丁语中, 一般词尾的变化依据特定的语法规则, 或者看这个单词是单数还是复数。

地点
Balneum / Bath house / 浴室
Carcer / Dungeon / 地牢
Oppidum / Town / 城镇
Theatrum / Theatre / 剧院
Portus / Harbour / 港口

动物
Bos / Cow / 奶牛
Canis / Dog / 狗
Feles / Cat / 猫
Elephans / Elephant / 大象
Equus / Horse / 马
Aves / Birds / 鸟

密涅瓦
智慧女神

版权登记号：01-2018-8834

图书在版编目（CIP）数据

古罗马大冒险 /（英）尼古拉斯·哈里斯，（英）埃里卡·威廉姆斯著；（英）皮特·丹尼斯绘；张昊媛译 . -- 北京：现代出版社，2019.10
（时间的钥匙）
ISBN 978-7-5143-8070-5

Ⅰ. ①古…　Ⅱ. ①尼…　②埃…　③皮…　④张…　Ⅲ. ①儿童故事—图画故事—英国—现代　Ⅳ. ① I561.85

中国版本图书馆 CIP 数据核字（2019）第 175623 号

时间的钥匙：古罗马大冒险

作　者	[英]尼古拉斯·哈里斯　埃里卡·威廉姆斯	网　址	www.1980xd.com
绘　者	[英]皮特·丹尼斯	电子邮箱	xiandai@vip.sina.com
译　者	张昊媛	印　刷	北京瑞禾彩色印刷有限公司
责任编辑	王　倩　崔雨薇	开　本	889mm×1194mm　1/16
封面设计	八　牛	字　数	50 千字
出版发行	现代出版社	印　张	3
通讯地址	北京市安定门外安华里 504 号	版　次	2019 年 10 月第 1 版　2019 年 10 月第 1 次印刷
邮政编码	100011	书　号	ISBN 978-7-5143-8070-5
电　话	010-64267325　64245264（传真）	定　价	150.00 元（全 6 册）

THE TIME KEY
时间的钥匙

【英】尼古拉斯·哈里斯/著 【英】皮特·丹尼斯/绘 张昊媛/译

与海盗同行

中国出版集团 现代出版社

亲爱的小读者：

写这篇日记时，我们刚刚结束了一次冒险。这次冒险简直太刺激了，我们从来没有过这种经历。我们的爸爸、妈妈、爷爷，甚至连学校的小伙伴们都不相信这是真的。他们认为我们是在做梦，或是在编故事。但这确实不是一场梦，不然为什么我们两个人都能清楚地记得当时发生的每一个细节呢？如果多年以前我们没有与海盗在一起生活过，就不会知道当时发生的事情，又如何编造出这些故事呢？

所以，我们打算把此次冒险中发生的所有事情都记在这篇日记里。你可以看一看我们所讲的是不是真实发生的事情。读日记时，你会发现自己仿佛身临其境。

乔西与梅茜

THE TIME KEY
时间的钥匙

与海盗同行

"西班牙在美洲的'新大陆'究竟在哪里呢？"

爷爷建议我和妹妹梅茜去他的书房，从地球仪上找一找。他告诉我们这个名字是很多年以前用来命名美洲大陆加勒比海沿岸的。我们正在地球仪上查找，突然听到书架上的一本书跌落到地板上的声音。"真有意思。"梅茜说道，"我连碰都没有碰过它。"

失落的宝藏

据报道，1714年，在一场猛烈的暴风雨中，一艘隶属于西班牙无敌舰队的"圣萨尔瓦多"号大帆船在加勒比海的伊斯帕尼奥拉岛南海岸沉没，全部水手杳无音信。相传，这艘船上装载着一箱非常贵重的货物，其中不乏金币、银币、绿宝石以及珍珠。然而，三个月之后，当人们试图打捞这艘遭受袭击的沉船时（看似是一次并没有什么难度的打捞行动，仅仅是在离岸边不远的浅海搜索一下而已），却没有发现任何关于宝藏的蛛丝马迹。人们怀疑宝藏的失踪十有八九是活跃在这个区域的海盗干的，甚至谣传有一只装满了金银财宝的保险箱就埋藏在附近的岛屿上，直到今天仍旧埋藏在地下。

一只像图中这样装满了各种金银财宝的箱子，随着"圣萨尔瓦多"号的沉没而不知去向。

119

这是一本非常古老的书，讲述的是关于加勒比地区海上掠夺的故事。我们对这个故事非常感兴趣。书中的一页已经松动了，掉了出来。这一页讲述了一个巨大的宝藏被埋藏起来，从未被人发现的故事。

我们正津津有味地读着书，突然感到一股气流从书架上放置那本书的地方刮过来。我们把挨着它的其他几本书拿开，发现在书架的后面有一扇小门。梅茜不假思索地扭动了钥匙，打开了这扇门。"这是一间房子，室内有些昏暗。"我们彼此对视片刻，心领神会下一步该做什么。

　　我一马当先钻进了那个房间。

　　我们静静地环顾四周，这间屋子除了缺一台电脑，看上去有些像爷爷的书房。书桌上放着一支笔和一瓶墨水。房间里的摆设非常老旧，让我们仿佛置身于博物馆里。这时，房间开始从一边到另一边轻轻晃动起来。这时我们才突然意识到，我们此时身在船上……

7

我们听到了说话声和小提琴演奏的音乐声。闻声而去，我和梅茜走上了甲板。哇！好壮观的景象！我们居然来到了一艘巨大的帆船上，简直太不可思议了！这艘船停靠在港口。船上的人们有的扛着麻袋，有的搬着箱子；还有一些伙计一边大声叫嚷着，一边用起重机吊起一只大木桶；剩下的一些伙计正在把他们扛的麻袋和箱子往甲板下面塞。

　　"嘿！这俩淘气鬼，你们是从哪里冒出来的？"背后突然传来一个低沉沙哑的声音。我们立马转过身去，原来是这艘船的船长。

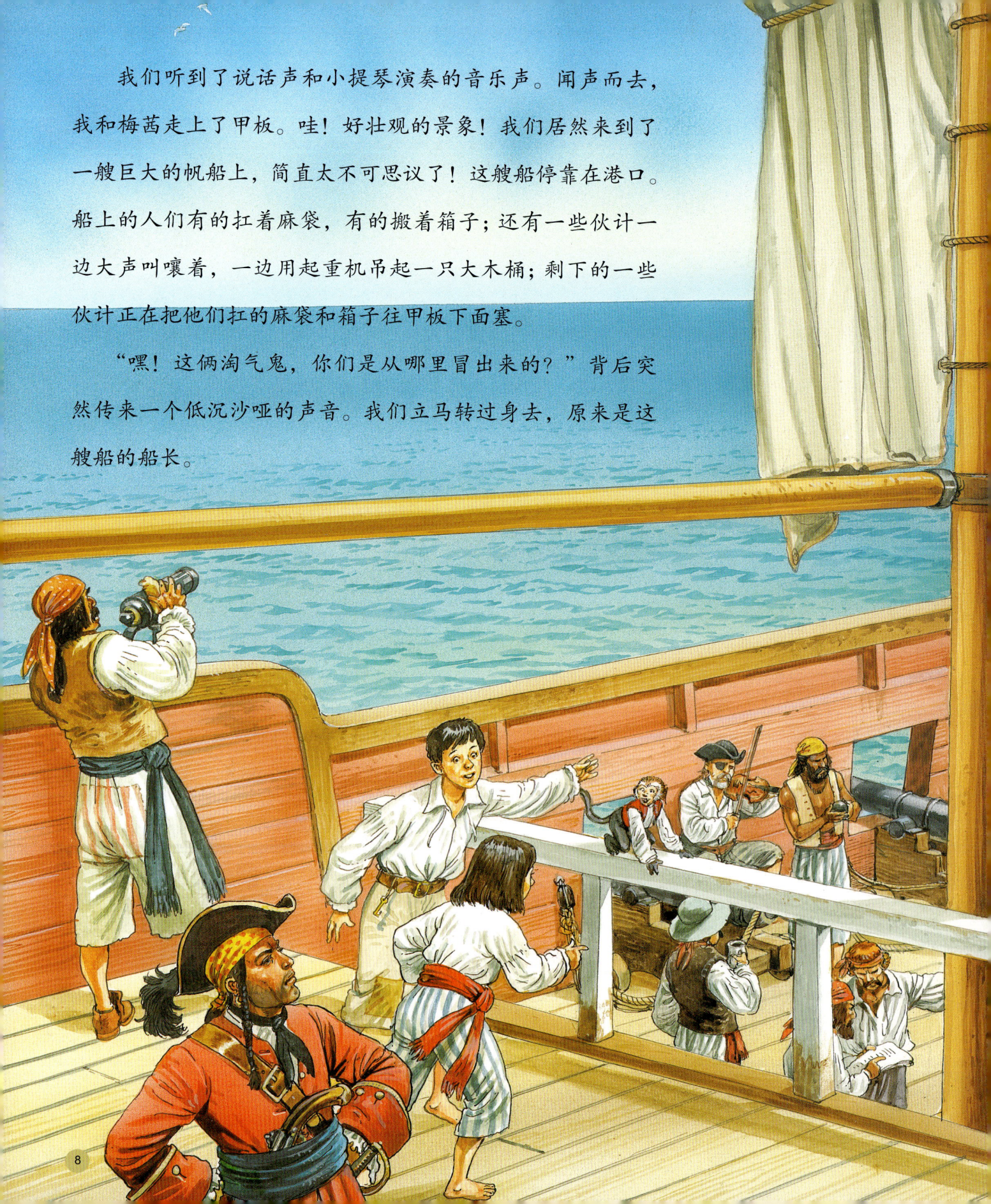

海上掠夺的历史

第一批海盗

自从人们开始在海上航行，就出现了海盗，或者称他们为海上的盗贼。海盗们在地中海掠夺货船的历史可以追溯到2500年前。罗马的船只时常受到威胁。

早在9世纪到11世纪，北欧海盗（下图）搭乘一艘狭长的木船从他们自己的家园斯堪的纳维亚起程，一路从爱尔兰到俄罗斯，侵袭了欧洲沿岸的很多城市，掠夺了不少当地财产。

中世纪时期，海盗船从北非巴巴里海岸的城市出发，他们一路掠夺船只，进攻沿岸城市，把战俘当奴隶贩卖。

在战争时期，君主曾经允许商船发起反攻，抵御海盗，这些在战时特准攻击敌方的船只称作"武装民船"。而战利品则被船长和国王瓜分了。公元16世纪，西班牙人开始从他们在美洲征服的土地上运回金银财宝。于是，武装民船与当地侵略者开始合作，人们称之为"西印度海盗"。海上掠夺的黄金时期正式到来。

海盗的"黄金时代"

在公元 1700—1730 年，加勒比海盗们可谓"所向披靡"。西班牙大帆船满载金银财宝，从中美洲和南美洲的加勒比海岸的"西班牙新大陆"驶出。在这些巨大的战船中，有些船体的长度超过 35 米，宽度超过 10 米。这些船只两侧能够装载 30 门大炮，容纳 200 多位船员。

尽管这些战船体量巨大，并且能装载足够的武器装备，但是，也会时常败给那些体量比它们小，但航行速度更快的海盗船。海盗们会出其不意地攻占大型商船，在他们进攻前的片刻会将象征友好的旗子换成骷髅旗（参见上图）。

当一艘海盗船进攻大型商船的时候，商船一般很少会抵抗，因为通常海盗船上船员的人数要比商船多很多。面对进攻，几乎还没有到开火交战时，商船船长为了保命就已经投降了。但是当船上有训练有素的警卫时，两船就会交火。起初随着大炮开火，海盗船会横靠着商船停下来，船员用抓钩（参见左图）将自己的船只与商船固定在一起。海盗们时刻准备着战斗——他们纷纷跳上商船，手握钢枪，或是挥舞着匕首和刺刀。

有些海盗已经臭名昭著，爱德华·蒂奇便是其中一位。爱德华·蒂奇，绰号"黑胡子"（参见右图），他将导火线捆绑在头发和胡子上来吓唬船员。1718 年，爱德华·蒂奇在一次交战中受了 5 处枪伤和 25 处刀伤而身亡。

也就是说，我们居然回到了300年前！如今我们在一艘18世纪的帆船上。这艘帆船正要起航，作为船上的伙计（因为船上不能有女性，所以梅茜女扮男装了），我们正在准备当天的晚餐。杰克船长对我们还算温和，他差遣我们俩到甲板下面去找他的二副威尔，让威尔告诉我们该做些什么。趁着这个机会，我们可以在船里四处看看。

这艘船叫作"埃斯梅拉达"号。我和梅西"空降"到船长的营房，他的营房位于船的尾部。包括我们在内的所有船员与贮藏的物品一起共享船里的空间。船上贮藏着食物、水、麦芽酒、火药和风帆，还有一间屋子用来做厨房。在船的底层有一处阴冷潮湿、散发着恶臭的地方，这便是船的底舱。我感到非常好奇的是，为什么底舱里填满了石块呢？

在港口停靠着的还有另外一艘船，从外观上看，与我们的这艘船非常相似。人们称它为"美杜莎"号。我和梅茜看到有一位船员正在与"美杜莎"号的船员们说些什么。"美杜莎"号的船员们给了他一个看起来很像钱袋的袋子，这让我们感觉有点奇怪……

当天晚些时候，正在涨潮，我们看到"美杜莎"号张开风帆，驶离了海港。稍后，我们也驶出了海港，跟在"美杜莎"号后面，保持着一定的距离。我们船上的另一位伙计告诉我们，杰克船长怀疑"美杜莎"号此次出航是去追寻一处埋葬起来的宝藏，而这些宝藏原本是属于我们的。所以，此次我们希望把宝藏夺回来。船长早已制订好了计划。

但是，究竟这些宝藏会藏在哪里呢？我和梅茜渐渐明白了点什么。令我们毛骨悚然的是，这里是加勒比海沿岸的"西班牙大陆"，"美杜莎"号和"埃斯梅拉达"号是两艘海盗船！原来，我们周围是真正的海盗！

"埃斯梅拉达"号上的船员对我们非常友好。伙计们告诉我们，他们曾经在商船上工作，但是商船上的船长对他们非常苛刻，逼他们吃那些爬满蛆或发了霉的食物。实在令人作呕！不仅如此，还时常毫无缘由地用鞭子抽打他们。

海盗船上的生活虽然也非常辛苦，但是，至少船长待他们很好，他们可以通过举手投票的方式推选船上的长官。杰克船长非常勇敢，船员们都很尊重他。船员们为在"埃斯梅拉达"号上工作而感到自豪，并且人人都遵守规则。

现在该说一下我和梅茜在船上的工作啦！我们帮忙擦洗甲板，用石块刮掉甲板上的污垢。这样的工作使我们的双手变得很粗糙。

随后，船员差遣我们到储藏室去灭鼠。那些老鼠正在偷吃我们的食物，啃食麻绳。我抓到了7只老鼠。

海盗的海上生活

海上的生活非常辛苦。甲板下昏暗、潮湿，而且很脏。船员们的居住空间非常狭小，床铺周围老鼠四处乱窜，伙食也不好。船上没有医生，因此交战后受了伤往往得不到医治。

大部分时间，尤其是交战那几周，海上生活非常枯燥乏味。但是，海盗们待遇优渥，比起"普通"的船员，他们更加自由，享有更多的权利。船长和军需官（在海上负责食宿的官员）都由全体船员选举产生。而船长往往是最骁勇善战的。比起那些令人厌恶的掌权者，船长更值得船员们信赖。

大部分海盗遵守他们自己制定的规则（称作"章程"）。他们会均分掠夺来的财宝。如果一位海盗过多地享有了他们的战利品，会被视为偷盗，或被看成懦夫。他将会被独自放逐到一个偏远的小岛，仅留给他少许水和食物。

"埃斯梅拉达"号章程

1. 人人都需遵守船上的规章制度。

2. 船长享有 1.5 倍的奖励份额。大副、木匠、水手长和枪手享有 1.25 倍的奖励份额。其余船员每人享有 1 份份额。

3. 如果任何一位船员试图逃跑，或者向船运公司隐瞒秘密，他将会被放逐到孤岛上去，仅留 1 桶火药、1 瓶淡水、1 个小型枪炮和一些铅制的炮弹。

4. 如果任何一位船员偷盗了价值等于或高于 8 个西班牙古银币的东西，他将会被放逐或者枪毙。

5. 如果任何一位船员在未经我方船运公司许可的情况下与另一家船运公司签约，他将会受到我方船运公司应有的惩罚。

6. 如果任何一位船员打人，他将需要光着膀子，被鞭打 39 下。

7. 如果任何一位船员在甲板下开枪、吸烟或是点蜡烛，他将遭到与上一条同样的惩罚。

8. 如果任何一位船员没能保持枪炮干净，使枪炮不能随时用来交战，并且受到我方船运公司应有的惩罚。

9. 如果任何一位船员忽视自己的工作，他的分红将会被扣除一部分，并且受到我方船运公司应有的惩罚。如果任何一位船员在交战中因伤而失去了一只胳膊或一条腿，他将会得到 800 个西班牙古银币的补偿；如果受伤略轻，会得到 400 个西班牙古银币。

10. 禁止女性在船上工作。

食物和淡水

在海盗船上，有两样主食：一样是咸猪肉；另一样是用粗粮制成，可以长期存放的饼干，称作"压缩饼干"（参见左图）。当食物吃完后，船员们就不得不用煮沸的骨头汤来充饥（参见上图）。在一些船上，老皮革是仅有的食物！起航几天后，便再也没有淡水饮用了，所以海盗们一般会拿啤酒（参见右图）或朗姆酒代替饮用水。

许多船上都养着鸡（参见左图），这些鸡生的蛋和鸡肉也可以食用。在长途航行中，不良的饮食方式会导致疾病。而吃水果可以避免因长期缺乏维生素 C 而染上坏血病。大海本身也提供了新鲜的食物，比如鱼、海豚、海龟等海洋动物。当海龟在海滩上缓慢地爬行时，海盗们很容易捉到它们，然后带到船上，等到需要时再宰杀。海龟蛋也备受船员们的欢迎。

武 器

可以插在皮带上，非常便携。在较为低矮的甲板上，匕首（参见上图）是非常有用的武器。因为在这些地方挥舞短剑，空间会比较局促。

将要登上敌人的船只时，海盗们可能会向甲板上扔人造炸弹。这些涂抹了柏油的废旧布片所燃起的闷烧混合物能够设起一道烟雾屏障——这对于进行掠夺的海盗们是一道完美的屏障。

海盗们使用斧头（参见右图）登陆敌船。斧身深深地嵌入木制的斧柄中。海盗们手握斧柄，牵引着自己的身体往上攀爬。

短剑（参见上图）也是受海盗们青睐的武器。在船上局促的空间里，较短的刀身是非常理想的选择。如果剑身过长，则有可能割到缆索。

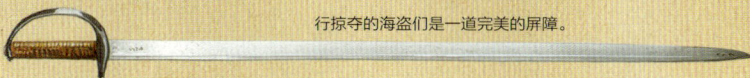

明火枪（参见上图）的工作原理是当打火石打击钢铁溅起火花，从而点燃火药。但是，弥漫着湿气的海风经常导致枪走火，而重新装填弹药又非常慢。

短火枪（参见上图）就是滑膛较短的火枪。在精准度上稍微差一些，但是在近距离时很容易开枪。

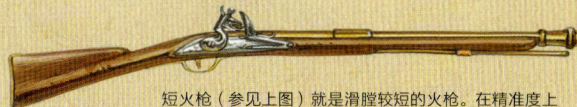

步枪（参见上图）非常适合较远距离射击。在平静的海面上，神枪手小心地瞄准目标开枪，子弹将会十分精准地击中目标。

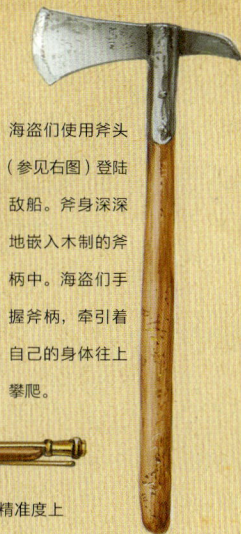

第二天，杰克船长告诉船员们暴
风雨即将来临，我们要提前做好
准备。我和梅茜面面相觑。哎
呀，我们现在确实遇上了
麻烦！水手长亚伯命令我
们爬上缆索，帮忙卷起风
帆。我大口大口喘着粗气，
梅茜问我："我们真的明白自己要
做什么吗？"我们俩都非常擅长爬树，但是，
这是另一码事。随着海浪一浪高过一浪，桅杆开始
不停地摇摆，发出嘎吱嘎吱的声音。我们紧紧地抓
住绳梯，慢慢地爬向桅杆的顶部。"乔西，不要往下
看！"梅茜大声叫着。突然，狂风四起，我们伏在帆
桁上面，拉起重重的风帆。水手长告诉我们，如果我们
松开手，大风就会把它们刮得粉碎。

"轰隆隆！"随着一阵沉闷的雷声，大雨倾盆而下，打在我们身上。我们的船在满是波涛的海上颠簸着，船上人人都感到眩晕、恶心。海浪撞击着船舷，漫过我们的脚面。突然间，我被颠落甲板，只有手指还钩着船帮，海水没过了我的腰。幸亏在海水还没有把我完全吞没之前，杰克船长把我拉回了船上。

经历了如此可怕的瞬间之后，为了确保我和梅茜的安全，我们被差遣到甲板下工作。我们两个人因为寒冷与恐惧而浑身颤抖。现在我们非常非常想回家，但是，我开始暗自怀疑我们还能不能活着回去……

西班牙大陆

西班牙大陆是加勒比海沿岸的大陆。从16世纪起，这里便是西班牙帝国在美洲的属地，包括现在美洲中部以及南美洲北部的海岸。数量惊人的商品通过西班牙珍宝船队的商船从这里运回西班牙。这些船只运回了金银、珠宝、香料、硬木、兽皮，以及其他一些财宝。银器则是通过一队美洲驼从玻利维亚中南部的波托西运输到太平洋海岸，然后转海运，到达西班牙大陆。对于海盗和私掠船而言，西班牙大陆犹如一块吸铁石。为了防御海盗们的进攻，西班牙派出战舰来为商船护航。而西班牙大陆却从未停止过交火。

哈瓦那

古

尤卡坦半岛

加

洪都拉斯

大西洋

巴哈马群岛

托尔图加

伊斯帕尼奥拉岛

波多黎各

巴布达

罗亚尔港

圣多明戈

维尔京群岛

安提瓜

牙买加

蒙特塞拉特

瓜德罗普

多米尼克

马提尼克

圣卢西亚

圣文森特

格林纳达

多巴哥

特立尼达

勒比海

马拉开波

说时迟，那时快，暴雨突然倾盆而下。雨水冲刷着甲板，破旧的风帆在风雨中摇曳着。几根绳索开始松动了，但是"埃斯梅拉达"号却顺利脱险。底舱被雨水淹没了，威尔慌忙地给我们示范如何使用抽水机。我们需要使尽全身的力气去撬动水泵的杠杆。此时，我们终于明白为什么要在底舱铺满石头了，它们能够在暴风雨中帮助船只稳定。

在暴风雨之前，杰克船长命厨师山姆熄灭厨房里的火。如果余烬死灰复燃从砖砌的炉子里蹿出来，引燃船上的木料，我们就不得不像对付洪水一样对付火灾了。现在厨师再次点亮了壁炉，山姆把焖菜加热后分给大家。经历一场暴风雨的浩劫之后，所有的人都很饿。梅茜饿极了，甚至连汤里有什么都没顾上看一眼，便狼吞虎咽地吃了起来。灰色的汤水里漂浮着豆荚和其他残羹剩饭，我不是很确定汤里都有什么。唉，好吧，总比没东西可吃好！

当天晚些时候，一条两人高的扁平尾巴突然从水中冒了出来。究竟是什么呢？是海怪吗？杰克船长哈哈大笑起来，他告诉我们那只是一头鲸鱼。一群捕鲸人在那天清晨出海，试图猎杀一头鲸鱼作为盘中餐。杰克船长告诉我，鲸油还可以用来做油灯的燃料。捕鲸的人们一定认为这一天是他们的幸运日。但是，正当此时，鲸鱼喷出一股浪花，飞溅在我们身上，几乎把捕鲸的船只掀翻了。

　　暴风雨过后，我们发现"美杜莎"号从我们的视野中消失了。不仅如此，强烈的暴风雨把我们的船只刮得彻底偏离了航线。远眺广阔无垠的海面，环视四周，风平浪静。船上有人知道我们的方位吗？

　　"这很容易，"杰克船长笑着说，"看看这个指南针，我们便知道船只驶向何方了。此外，今天早上船上的伙计们通过记速绳来结绳报数，所以我们不难知晓船只航行的速度。通过测量中午时分太阳从地平线上升起的高度，威尔便能推断出船只距离北方或南方有多远。看到那边的领航员了吗？他正在用直角器测量。有了测量结果，我们就能在海图上确定自己的方位，然后迅速驶回航道。伙计们，难道不是吗？"杰克冲着两位船员扭过头去。他们抓耳挠腮，看起来大脑一片空白。我们轮流帮着舵手（驾驶这艘船的伙计）扭动着舵柄。

晚些时候，我和梅茜又被派到缆索上去了。这一次是桅杆顶端的瞭望台。我们的工作是寻找"美杜莎"号。海面越发平静，攀爬缆索的时候，我们也不再像之前那样诚惶诚恐，如今，我们已经成为了勇敢的海员。

梅茜攀爬到顶部，坐在桅杆上休息。是她最先发现了"美杜莎"号。"船！嘿！我看到啦！"她突然尖叫起来。

航海入门

海图和夜空观测

船长在海图（一张标注着大海和海岸线的地图）上标绘出船只的航道。西班牙人细心地标绘了加勒比海。每一幅海图均有一个罗盘，标着东南西北；还有一个比例尺，能告诉你在地图上几厘米的一段距离在现实世界中究竟有多远。

如果想测量一艘船驶出去多远，船长则会拿出圆规，首先在海图上标记好前一天船只航行的位置和当天的位置。然后，他会

指南针
指南针是海员们最重要的工具。表盘中的磁针总是指向北边。船员们可以通过它来判断自己行驶的方向，即"方位"。

小心地测量比例尺缩小的距离，从而推断出实际航行距离。

航海中有一件非常有用的物件，那就是望远镜。在一个瘦长的空心管内使用焦距透镜组，通过它们能使远处的东西看起来更近。一名水手可以使用望远镜辨认出海岸上的地标或岛屿，从而帮助他确定船只在海图上的位置。

在万里无云的夜空中，水手也可以通过星星来寻找他们所在的位置。北极星总是位于北方。我们可以通过位于北斗七星勺口外侧两星的连线，向外延长约5倍的距离来找到它。

要困难一些。最佳的方法是记录下速度与方向的每一个细节。如果想得到船只的行驶速度，就可以这样做：在记速绳末端捆绑上一个重物，从船尾投掷到水中，等距打结的绳子从绕线轮上放出，然后使用沙漏计时。这时船员可以数出 1 分钟内放出去的线中的结节数量，用这个数字乘以 60，便得出了每小时船只行驶的速度，即"海里／小时"。

经度和纬度

水手们可以通过午间太阳的位置，也就是当太阳升至最高点的时候，计算出船只的纬度，即船只向北或者向南行驶了多远。他们使用的是一种叫作"反向高度观测仪"的设备。他站立起来，背朝太阳，通过瞄准器眺望远方。用反向高度观测仪中叫作"阴影叶片"的部分对准向地平线投下的阴影，然后就可以测量出地平线上太阳的角度。午后太阳升起越高，他们离赤道越近。

测量船只的经度比测量它的纬度——船只向东或者向西行驶的距离——

铅坠
为了避免船只触礁，可以通过铅坠测量海水深度。把铅坠从船上标注记号的地方投到水中。海员可以通过其底部不同类别的泥浆，判断船只离海岸的距离。

杰克船长将望远镜对准地平线。它在那里！"美杜莎"号的风帆全部张开了。他的嘴唇微微颤抖一下，面露苦笑。"伙计们准备好啦！我们现在仍旧与它有一定的距离。不过黄昏过后，它将成为我们的瓮中之鳖。"每一个船员都欢呼雀跃起来，这正是我们期待已久的时刻。海盗们准备好大炮，给手枪装上子弹，有些船员则开始练习剑术，各个摩拳擦掌、跃跃欲试！

装卸工手持一条长棍，给每一个炮管里装上火药和一个球。而后炮兵队的船员们把重型火炮拖上左舷，做好开火准备。船员们呼喊起来："'埃斯梅拉达'号，出发！"

直到现在，我们的工作仍旧是用力擦洗甲板，或是负责瞭望放哨。但是我们两个已然化身成了真正的海盗。

我们追随着"美杜莎"号悄悄地驶入一处海湾。大炮早已做好了准备，但是此时还不需要开火。甚至"美杜莎"号都没有发现我们紧随其后。但我们却能听到远处传来的歌声和各种寻欢作乐的声音。船内灯光闪耀，直到深夜。我们耐心等待着，等待着"美杜莎"号恢复寂静。

杰克船长一声令下，我们的小船悄悄地驶出了平静的海湾，驶向"美杜莎"号。"乔西，如果他们拿枪对准我们怎么办？"梅茜突然嘘了一声。没想到还是被杰克船长听到了，他眨巴眨巴眼睛，小声告诉我们："今晚他们将无力抵抗。"

我们到达了"美杜莎"号之后，用抓钩钩住了它的船帮，不停地拉扯绳子，摇动着它。我们船上的一位船员轻轻地摇动了一下昏昏欲睡的瞭望员，除了他，甲板上空无一人。甲板下方，鼾声如雷，传入我们耳中。我们爬向甲板通向船舱的舷梯，沿着台阶走上去，台阶直通尾舱。杰克船长把枪上了膛，而此时"美杜莎"号上的所有船员都沉浸在睡梦中。

"美杜莎"号上的船员此时个个昏昏欲睡、烂醉如泥，只是抱怨了几声，便乖乖投降了。不得不说这让我和梅茜略感失望，因为我们并没有亲眼目睹海盗交战！但是登上"美杜莎"号仅仅是此次行动的第一步，我们仍需找到船长，将他降服。我和梅茜发现了一些非常酷的海盗纪念品！

进攻

敌我双方在甲板和索具间继续交火。在大
帆船上，防守的船员占据地理优势，他们
可以爬上横锁的梯绳，向袭击的海盗开火。
然而海盗船上的大炮也可以成功炸穿桅杆，
使桅杆倒塌、索具散架。手持斧头的海盗
如果能成功登陆商船，还会砍断帆船上的
绳索，这会导致主帆在甲板上翻滚起来，
引起巨大的混乱。

"**嘭！**"随着一声炮响，海盗们在船上开火了。他们从船上一跃而起，随之而来的是令人毛骨悚然的叫喊声。我们的船员勇敢地回击，爬上船的船员们向海盗发起猛攻——拳打脚踢、扣动扳机、拉开弓箭，但是仍旧无力抵抗久经战场的敌人。海盗们冲到甲板下，搜刮金银财宝和生活用品，包括武器、食物和饮品。

我们帮助船员消除了疑虑，同时，杰克船长开始搜寻"美杜莎"号船长。克劳船长见到杰克船长后很吃惊。后来船员告诉我们他们之间的纠葛。早在几年前，杰克船长在一艘失事的商船上发现了一笔金银财宝，为了回馈克劳船长帮他从海底重新找回战利品，杰克船长承诺将财宝的一半分给克劳。但是当金银财宝失而复得之后，克劳却把杰克船长一个人放逐到孤岛上，带着战利品驶离了那座小岛。他将这些金银财宝埋藏起来，打算有一天再回来时把它们挖出来。但令他没有想到的是，杰克船长在孤岛上存活了下来，并决定要夺回他的财宝。

　　"克劳，你知道后果会是怎样的。"杰克船长咆哮着，用枪对准克劳。克劳结结巴巴、语无伦次，表现出一副非常无辜的样子。杰克船长逼着克劳交出标着财宝埋放位置的地图。

　　在我们离开去寻宝之前，必须安顿好"美杜莎"号上的船员。我和梅茜帮忙把这些可怜的人捆绑起来。"美杜莎"号上的船员很幸运，我们的船员对他们深表同情，毕竟他们只是在那艘船上打工的伙计。所以，我们打算把他们流放到最近的一处岛屿。他们得以幸存，但是我们仅给他们留下了少许日用品和弹药，他们需要自谋生路。我们把他们成批转移到划艇上，然后送走。我们押着克劳船长一起去，以防他要什么阴谋诡计。

这是一张杰克船长从克劳那里得到的地图。标注"X"的地方便是藏宝处。

我们听到船员们在谈论着他们即将找到的那些宝贝，他们能从中分得多少。他们还提到了这座小岛上生活的珍奇鸟兽。"海龟蛋！"一位船员突然大声叫嚷道，"这正是我们要找的。把剩下的也都带回去。"水手长亚伯告诉我们，海龟蛋是海盗们最喜爱的食物，一般很难找到……

骷髅海

章鱼湾

银溪

沉没处

鱼岛

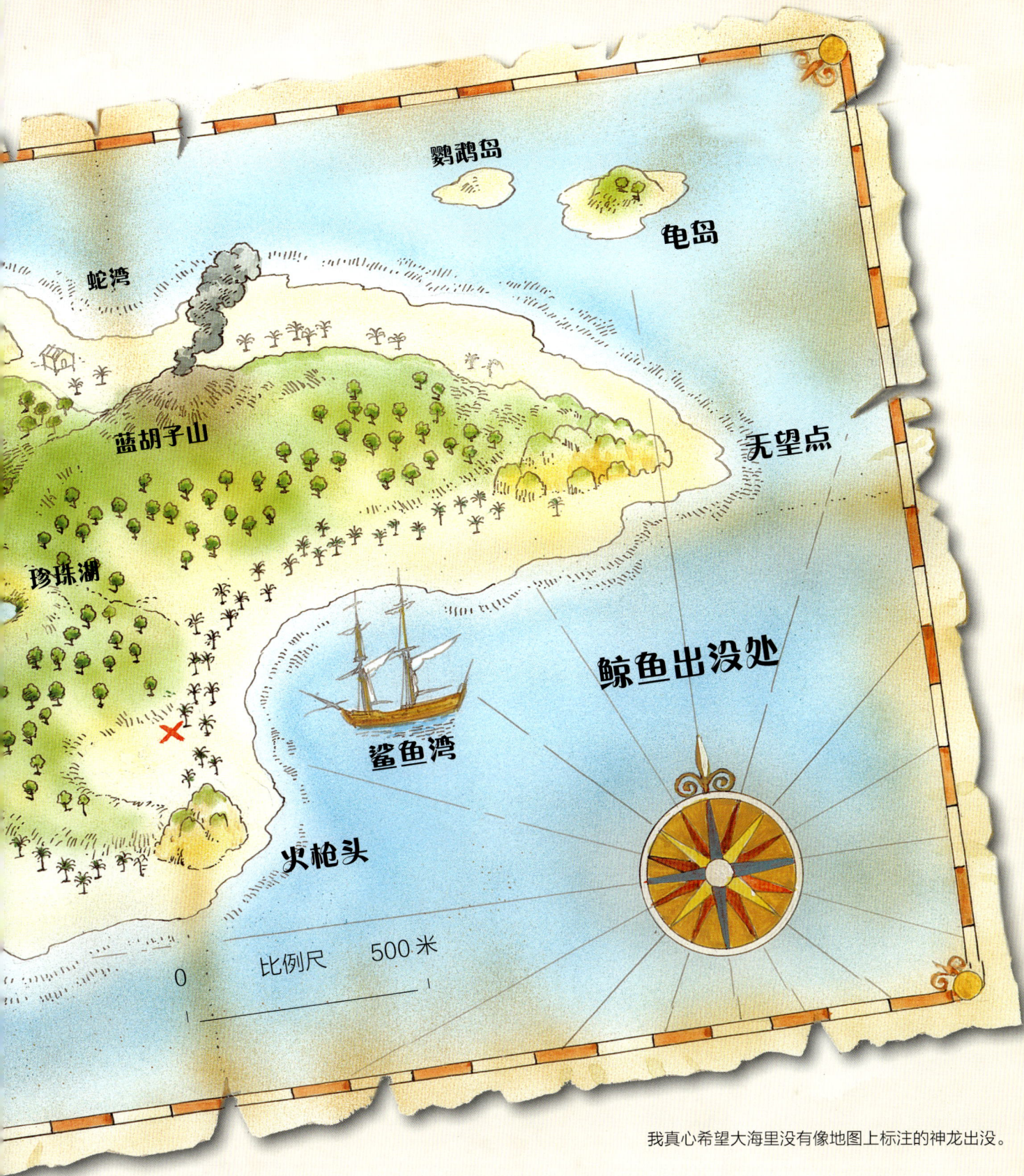

鹦鹉岛

龟岛

蛇湾

蓝胡子山

无望点

珍珠潞

鲨鱼湾

鲸鱼出没处

火枪头

比例尺

0   500 米

我真心希望大海里没有像地图上标注的神龙出没。

我们起航前往美人鱼岛。据地图上的标注，金银财宝就藏在那里。我们的船员驾驶的"美杜莎"号紧随其后。克劳船长被我们死死地捆绑在甲板下方，杰克船长再也不相信他了。他威胁克劳，如果地图是假的，克劳所面对的将是他的长枪短剑！

我们抵达了小岛，划船上岸，留下一名警卫看守着克劳。我们的船员在小岛上挖了数小时却毫无收获。

"这确实是地图上标注的点。"我说。

"那为什么什么都没有发现呢？这个奸诈的恶魔！"杰克船长喃喃自语，"现在让我们听听他自己如何解释！"

我们跑回海滩，但是却为时已晚。令我们感到震惊的是，"美杜莎"号已经驶离海岸。"这个该死的流氓，"杰克船长咆哮起来，"他究竟是怎么逃跑的？"梅茜和我面面相觑。一定是那个在码头上收取"美杜莎"号船员钱财的家伙干的！确实是他！杰克船长当时把他留在船上看守克劳。我们被骗了！克劳这家伙一定把宝藏藏在其他地方了，而我们的船员却在这里耗费了一整天。此时我们都意识到，如果想重新得到宝藏就得迅速行动。

在船员们都在等候杰克船长的指令时，梅茜在沙滩上发现了一个冲上岸的小玻璃瓶。"乔西，快看，这是什么？玻璃瓶里似乎有一张字条。"

我像你们一样，也立刻掉头回来过。我也在寻找你们如今寻找的那箱宝藏。不要问我怎么知道宝藏的位置的。那箱埋藏于地下的宝藏确实在这座小岛上，只是放在不同的地点。根据这张字条上标注的草图路线，你一定能找到它。祝你好运！

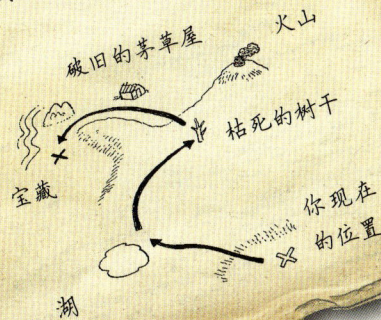

我和梅茜随身携带着这张草图，偷偷溜走了。我们两个不敢告诉杰克船长我们要到哪里去。他又该说这一定是克劳耍的另一套肮脏的把戏，然后会命令我们回到"埃斯梅拉达"号上去。但是直觉告诉我们，此次是对的。我们将会发现宝藏，然后飞奔回去告诉我们的船员，这是多么惊险刺激啊！

我和梅茜按照地图上标注的方位，在小岛上疲惫地行走着。突然，我们听到了人们交谈的声音，还有刨土的动静，于是停止了前进的脚步。我们爬过岩石看到了克劳！是克劳！还有他的亲信们，其中包括我们船上那个叛变的家伙，他们正在把装着宝藏的箱子从土坑里拖拽出来。他们一定是绕过小岛来到了真正藏有宝藏的地方。克劳转过身来，突然看到我和梅茜。"你们是谁？"他冲我们吼道，"你们两个乳臭未干的小毛孩儿来这里干什么？"

我们的心提到了嗓子眼儿。他们就站在我们面前，挥舞着手中的刀剑，谁知道接下来会发生什么。我们大口大口地喘着粗气，心脏扑通扑通直跳。

"把他们给放了！"突然传来一个平和、熟悉的声音。我们抬头一看，杰克船长和"埃斯梅拉达"号的船员们围在我们四周。"黔驴技穷了吧，克劳？多亏了我们这两位年轻、勇敢的朋友，帮助我们找到了原本就属于我们的东西。同样，也谢谢您和您的伙计们，省去了我们挖坑的工作。"

啊，太幸运了！原来一位船员发现我们脱离了大家，去往另一个方向，然后转告给了船长。否则……真不知道接下来会发生什么，想起来便不寒而栗。而现在，我们犹如英雄凯旋般回到了"埃斯梅拉达"号上，宝藏也失而复得。我们把克劳和他的伙计们流放到了美人鱼岛上。啊哈！我们不会再因为他遇到麻烦啦。现在，可以尽情去庆贺了。

山姆为我们准备了一桌美食：有新鲜的鸡肉、鱼肉，有水果和蔬菜，还有船员们最爱的海龟蛋。就着麦芽酒，船员们个个酒足饭饱。

海盗们当然知道如何自娱自乐！小提琴手演奏起吉格舞曲，没过多久，大家就开始载歌载舞起来……

我和梅茜突然意识到，爷爷一定会担心我们的。我悄悄地对梅茜说："我们该回家了，得尽快寻找那扇秘密的门。"她表示赞同。但是当我伸手去摸腰带上的钥匙时，发现它不见了！这可怎么办？难道我们要永远困在这条船上吗？生活在300年前？

正在此时，我突然发现盘子中的鱼有些奇怪，它的下颚闪烁着金光。钥匙在那里！一定是暴风雨袭来的时候，我不小心把它掉落在海里，而一条鱼把它吞到了肚子里。极其巧合的是，它还被船员捕捞上岸，成为我们的盘中餐！

梅茜从鱼嘴里拔出了钥匙，我们一路飞奔着去寻找那扇门。我们爬进了杰克船长的小屋。平日我们是不能擅自闯进他的房间的，但是，杰克船长现在正在外头享用丰盛的美食，欢歌起舞。

门在这里！梅茜把钥匙插入了锁眼，转动了一下，门开了，我们爬了进去。非常神奇的是，海盗服不见了，我们换回了T恤衫和牛仔裤。这时爷爷走进了书房。

"我看你们翻阅了我那本关于海盗的书。"

"非常抱歉我们离开得有点久。"梅茜脱口而出，"我们刚经历了一场奇妙的冒险……"

爷爷看起来有些疑惑，他对我们说："听起来很有趣。但是，你们并没有出去太久。一分钟前，我还看到你们在我的书房里看地球仪。"我们告诉他所发生的一切，他笑了笑，说道："那些海盗都是坏家伙，你们能毫发无损地回来真的很幸运！"

主桅　　主帆　　前桅　　上桅帆

前桅帆

斜桁帆　　帆桁　　艏帆

瞭望台

骷髅旗　　船员攀登的梯绳　　斜桁帆　　艏帆

船艏斜桅

船头雕饰

船长室　　锚

船艉　　大炮

船艏

船舵　　船体

　　　后来，我和梅茜在爷爷的其他书中看到了我们的那艘海船——中型船体，有两个桅杆，前桅为横帆。双桅帆船因为速度快、容易驾驭等特点而备受海盗们青睐。它们也可以在浅海中航行，躲避中型军舰的跟踪。西班牙大型商船并不适合双桅帆船上的海盗，尤其是海盗还需要许多用来防卫船只的枪炮。当然，海盗们最大的喜好仍旧是寻找财宝！

版权登记号：01-2018-8832

图书在版编目（CIP）数据

与海盗同行 /（英）尼古拉斯·哈里斯著；（英）皮特·丹尼斯绘；张昊媛译 . -- 北京：现代出版社，2019.10
（时间的钥匙）
ISBN 978-7-5143-8070-5

Ⅰ. ①与… Ⅱ. ①尼… ②皮… ③张… Ⅲ. ①儿童故事—图画故事—英国—现代 Ⅳ. ① I561.85

中国版本图书馆 CIP 数据核字（2019）第 175629 号

Copyright © Orpheus Books Ltd.
The simplified Chinese translation rights arranged through Rightol Media
（本书中文简体版权经由锐拓传媒取得 Email:copyright@rightol.com）

时间的钥匙：与海盗同行

作　者	［英］尼古拉斯·哈里斯		网　址	www.1980xd.com
绘　者	［英］皮特·丹尼斯		电子邮箱	xiandai@vip.sina.com
译　者	张昊媛		印　刷	北京瑞禾彩色印刷有限公司
责任编辑	王　倩　崔雨薇		开　本	889mm×1194mm　1/16
封面设计	八　牛		字　数	50 千字
出版发行	现代出版社		印　张	3
通讯地址	北京市安定门外安华里 504 号		版　次	2019 年 10 月第 1 版　2019 年 10 月第 1 次印刷
邮政编码	100011		书　号	ISBN 978-7-5143-8070-5
电　话	010-64267325　64245264（传真）		定　价	150.00 元（全 6 册）